浙江省普通高校"十三五"新形态教材

普通高等教育经济管理类专业教学用书

# 品 牌 管 理

郑 佳 编著

电子工业出版社·

**Publishing House of Electronics Industry**

北京·BEIJING

## 内 容 简 介

本书将品牌创建与管理的全过程作为一个完整的体系进行介绍，以任务为导向，为读者提供从品牌设计到品牌定位、品牌传播，再到品牌扩张的全流程指导。对于本书的读者来说，学习的过程就是创立和发展一个品牌的过程。书中以二维码的形式嵌入视频讲解、拓展阅读、案例解析、测验、作业范例等数字教学资源，以满足读者自主学习、个性化学习的需要。

本书既可作为高等院校经济管理类专业学生的教材，也可供与品牌管理相关的从业者和研究者学习参考。

**图书在版编目（CIP）数据**

品牌管理 / 郑佳编著. —北京：电子工业出版社，2021.12

ISBN 978-7-121-38054-9

Ⅰ. ①品⋯ Ⅱ. ①郑⋯ Ⅲ. ①品牌－企业管理－高等学校－教材 Ⅳ. ①F272.3

中国版本图书馆 CIP 数据核字（2021）第 260769 号

责任编辑：王志宇

印　　　刷：北京捷迅佳彩印刷有限公司

装　　　订：北京捷迅佳彩印刷有限公司

出版发行：电子工业出版社

　　　　　北京市海淀区万寿路 173 信箱　邮编　100036

开　　本：787×1 092　1/16　印张：9.5　字数：243.2 千字

版　　次：2021 年 12 月第 1 版

印　　次：2024 年 1 月第 2 次印刷

定　　价：39.00 元

凡所购买电子工业出版社图书有缺损问题，请向购买书店调换。若书店售缺，请与本社发行部联系，联系及邮购电话：(010) 88254888，88258888。

质量投诉请发邮件至 zlts@phei.com.cn，盗版侵权举报请发邮件至 dbqq@phei.com.cn。

本书咨询联系方式：(010) 88254523，wangzy@phei.com.cn。

# 前　言

我们处在品牌化的世界，品牌无所不在。企业之间的竞争已经超越了产品竞争和质量竞争，进入了品牌竞争时代，品牌已经成为企业的重要资产。众多的企业管理者、营销管理者和创业者对品牌创建与管理方面的知识非常关注，打造具有市场竞争力的品牌已经成为企业不懈努力的目标。

我们也处在互联网技术快速发展的时代，随着互联网的发展，人们的生活方式和学习模式发生了很大的改变。本书是市场营销、工商管理等专业的课程教材，基于移动互联网技术，本书以添加二维码的纸质教材为载体，嵌入视频讲解、拓展阅读、案例解析、测验、作业范例等数字资源，以期将教材、课堂、教学资源三者融合，从而提高教师教学质量和学生学习效果。同时，多种教学资源相结合，也可以满足校外学习者自主学习、个性化学习的需要。读者既可以全面系统地学习课程内容，也可以根据自身的学习基础和学习兴趣，通过在线交流和讨论的方式对部分内容深入探讨。

本书在结构内容的安排和设计上，将品牌创建与管理的全过程作为一个完整的体系进行介绍，每章设立实践任务，以任务为导向，为读者提供从品牌设计到品牌定位、品牌传播，再到品牌扩张的全流程指导。对于本书的读者来说，学习的过程就是创立和发展一个品牌的过程。本书在任务区域给出完成任务的指导思路并留白，使本书既是教材，又是笔记，让读者可以留下思考和实践的痕迹。部分章节的实践任务给出了范例，范例为杭州电子科技大学管理学院学生在课程学习过程中的作业。

本书主要的目标读者是：

● 高等院校市场营销、工商管理及经济管理类其他专业的学生
● 企业的品牌管理者和营销管理人员
● 从事品牌管理的研究人员
● 企业咨询和培训的从业人员
● 创业者

本书是浙江省普通高校"十三五"第二批新形态教材建设项目，感谢浙江省高等教育学会为本教材的出版提供支持。本书在编写过程中借鉴、引用了很多国内外学者的研究成果和来自互联网的文章，有些未及标明，在此深表歉意，衷心感谢为本书提供了知识营养的师友及诸多作者。

由于时间仓促，加之水平有限，书中疏漏和不足之处在所难免，敬请广大读者批评指正，以便今后修改、完善。

郑佳

# 目　录

# 第一章

# 概　论

视频：导语

从本质上说，品牌是销售者向购买者长期提供的一组特定的特点、利益和服务的允诺。

——菲利普·科特勒

 **本章提要**

当今的世界已经进入品牌竞争时代，品牌已经成为一种新的语言进入千家万户，国际知名品牌迅速渗透到世界各个角落并超越了民族文化的障碍，以其独特的品牌魅力吸引着全球消费者。

通过本章的学习你将了解和掌握以下内容：
● 品牌的定义和内涵
● 品牌的特征和分类
● 品牌战略和品牌管理
● 品牌管理组织和品牌管理者的职责

### 导入案例

在美国西雅图，有三个公司享誉世界，除了波音、微软，还有星巴克（见图 1-1）。对于爱喝咖啡的人来说，星巴克是一个耳熟能详的名字，它最早来源于 19 世纪美国文坛大师赫尔曼·梅尔维尔的经典著作——《白鲸——莫比·迪克》的主人公。1971 年，杰拉德·鲍德温和戈登·波克在美国西雅图开设第一家咖啡豆和香料的专卖店星巴克公司。1987 年，霍华德·舒尔茨斥资 400 万美元重组星巴克，推动了星巴克向意式咖啡馆的转型，并完全以自己的理念来经营星巴克，为公司注入了长

图 1-1　星巴克

足发展的动力。1992 年 6 月 26 日，星巴克在美国纳斯达克成功上市。作为一家传统的咖啡连锁店，1996 年 8 月，为了寻求更广阔的海外发展，霍华德·舒尔茨飞到日本东京，亲自为第一家海外店督阵。之后，星巴克大力开拓亚洲市场，并进入中国市场。

你永远无法确切掌握星巴克开店的数量，星巴克公司能够在 16 周或更短的时间内，设计并开办一个新店，并在 3 年内收回最初的投资。这家越来越庞大的公司，在运营了 20 多个年头后，依然以每天 5 家店的速度在全球扩张着它的版图，一年有近 1 800 家星巴克在全球各地冒出来。

表面看来，星巴克只是把咖啡店装修了一下，它并没有改变咖啡，但其实星巴克把什么都变了，它把喝咖啡这种西方饮食中最古老的事，又用心重新设计了一遍。这样古老的行业，过去从来没有标准，现在不仅仅有咖啡的标准，还有水的标准、温度的标准、奶的标准、杯子的标准，星巴克都重新设计过了、标准化了。甚至是咖啡机发出的声音，都成了制造气氛、产品服务的一部分。更重要的是，过去大部分人去喝咖啡是生理性的，如今多了一些情感性的需要。生理性的需要是有限的，而情感的需要则是无边的，星巴克击中了消费品定位的要害。星巴克公司出售的不仅仅是优质的咖啡、完美的服务，更重要的是顾客对咖啡的体验文化。

在星巴克看来，人们的滞留空间分为家庭、办公室和除此以外的其他场所。麦当劳努力营造家的气氛，力求与人们的第一滞留空间——家庭保持尽量持久的关系；而作为一家咖啡店，星巴克致力于抢占人们的第三滞留空间。现场精湛的钢琴演奏、欧美经典的音乐背景、流行时尚的报刊杂志、精美的欧式饰品等配套设施，力求给消费者营造高贵、时尚、浪漫、文化的感觉氛围。星巴克让喝咖啡变成一种生活体验，让喝咖啡的人感觉到自己享受咖啡时，不仅在消遣休闲，而且还能体验时尚与文化。顾客在找到最适合自己口味的咖啡的同时，体味到星巴克所宣扬的咖啡文化。文化给其较高的价格一个存在的充分理由，不但顾客可以获得心理上的莫大满足，星巴克还可以获取高额的利润。

# 第一节　品牌的概念和内涵

从消费者角度来看，我们所处的时代有三个明显的特征：产品过剩、媒体多元和广告爆炸。产品过剩导致产品同质化趋势严重，消费者选择空间增大，过去单凭产品的品质、价格以及所谓的服务、渠道等而实现营销目的的时代一去不返。媒体多元导致消费群被人为地割裂或细分，受众媒体接触点急剧增多，从大众媒体到小众媒体，无一例外地增加了品牌宣传接触受众的成本。与之相应的是企业广告信息的大爆炸，受众的注意力已经成为越来越稀缺的资源，传统广告投入效果下降，在异常嘈杂的环境中，吸引人们的注意力显得越来越困难。对于消费者而言，是消费选择的困扰；对于企业而言，是企业单向传播的失效。

面对这样的困境，品牌化的供应与消费成为情势所趋，品牌化的供应，

1.1　视频讲解

实现了产品同质化供应过剩向内在的更契合差别化需求的有效供应转换；品牌化的消费，则简化了消费者的购买决策过程。

显然，品牌能为消费者和企业都带来好处。那么一个显而易见的问题是：什么才是品牌？

## 一、品牌的定义

目前在学术界还没有一个被大家所普遍认可的品牌的定义，不同的研究者，其各自学科背景和从业经验存在差异，对品牌有不同的理解。

品牌的英文单词 Brand，源自古挪威文 Brandr，意思是"烧灼"，人们用这种方式来标记家畜等需要与其他人相区别的私有财产。到了中世纪的欧洲，手工艺匠人用这种打烙印的方法在自己的手工艺品上烙下标记，以便顾客识别产品的产地和生产者，这就产生了最初的商标，并以此为消费者提供担保，同时向生产者提供法律保护。16 世纪早期，蒸馏威士忌酒的生产商将威士忌装入烙有生产者名字的木桶中，以防不法商人偷梁换柱。到了 1835 年，苏格兰的酿酒者使用了"Old Smuggler"这个品牌，以便维护采用特殊蒸馏程序酿制的酒的质量声誉。

1.2 视频讲解

经过几百年的历史演进，商业竞争格局以及零售业态不断变迁，品牌承载的含义也越来越丰富。如今，"品牌"一词无论是其内涵还是外延方面都已经大大地扩展了。品牌虽然是理论界和企业界都经常使用的词汇，但是它至今都没有一个统一的定义。

中国品牌研究学者余阳明先生在其《品牌学》中将品牌归纳为四类。

### （一）符号说

美国市场营销协会定义委员会给品牌下的定义为：品牌是一种名称、术语、标记、符号或设计，或者是它们的组合运用，其目的是借以辨认某个销售者或某群销售者的产品或服务，并使之与竞争对手的产品和服务区别开来。

在国内外许多其他学者的著作中，对于品牌的解释，其基本内容都与上面的说法相类似，主要从品牌的识别功能进行表述。这种观点从最直观、最外在的表现出发，将品牌看作一种标榜个性、区别于其他竞争者的特殊符号。

### （二）综合说

大卫·奥格威在 1955 年对品牌做了如下的定义：品牌是一种错综复杂的象征——它是产品属性、名称、包装、价格、历史声誉、广告方式的无形总和，品牌同时也因为消费者对其使用的印象以及自身的经验而有所界定。

美国品牌学者 Lynn B. Upshaw 在谈及品牌特征的意义时说："从更广的意义上说，品牌是消费者眼中的产品和服务的全部，也就是人们看到的各种因素集合起来所形成的综合表现，包括销售策略、人性化的产品个性及两者

1.3 拓展阅读

的结合等，或者是全部有形或无形要素的自然参与，比如品牌名称、标志、图案这些要素等。"

这一类定义从品牌的信息整合功能入手，将品牌置于营销乃至整个社会的大环境中加以分析，不仅包括了品牌名称、品牌包装、品牌标志等有形的东西，而且将品牌放入历史时空，做横向和纵向的分析，指出和品牌密不可分的环节，例如，历史、声誉问题、法律意义、市场经济意义、社会文化心理意义等。这些东西都是无形的，很容易被人忽略，但它们又是客观存在的，是构成品牌的一部分，只有将这些要素最大限度地加以整合，品牌才是一个完整的概念。

### （三）关系说

奥美广告公司认为"品牌是消费者与产品之间的关系，消费者才是品牌的最后拥有者，品牌是消费者经验的总和。"

上海财经大学商学院教授王新新认为"品牌是一种关系性契约，品牌不仅包含商品之间的交换关系，而且还包括其他社会关系，例如，企业与顾客之间的情感关系，企业之所以要建立品牌，是为了维持一种长期、稳定的交易关系，着眼于与顾客在未来的合作"。

此类定义，从品牌与消费者沟通功能角度来阐述，强调品牌的最后实现由消费者来决定。这种界定强调品牌是一种偏向，是消费者或某些权威机构认定的一种价值倾向，是社会评论的结果，而不是自我加冕的。

### （四）资源说

美国学者 Alexander L. Biel 认为"品牌资产是一种超越生产、商品及所有有形资产以外的价值。品牌带来的好处是其未来的品牌价值远远超过推出具有竞争力的其他品牌所需的扩充成本"。

青岛汉阳品牌管理咨询公司总经理韩志峰在其文章《品牌是一种资源》中说，品牌是企业内在属性在外部环境中创造出来的一种资源。它不仅是企业内在属性在外部环境中体现出来的有价值的形象标志，而且因为其能整合企业外部的不同资源，对企业内在属性发展产生反作用，它更是一种资源。

这一类定义的共同点是把品牌视为一种资产，是一种可以在未来产生现金流的具有价值的资源。

以上四类对于品牌的定义都有其一定的合理性，无所谓孰优孰劣，只是各自的视角不同而已。

综上所述，我们认为，品牌是用以识别某个销售者或某群销售者的产品或服务，并使之与竞争对手的产品或服务区别开来的商业名称及其标志，通常由文字、标记、符号、图案和颜色等要素或者这些要素的组合构成。

品牌是一个集合概念，主要包括品牌名称和品牌标志两部分。品牌名称是指品牌中可以用语言称谓的部分；品牌标志是指品牌中可以被认出、易于记忆但不能用语言称谓的部分。

## 二、品牌的内涵

著名市场营销专家菲利普·科特勒认为，从本质上说，品牌是销售者向购买者长期提供的一组特定的特点、利益和服务的允诺，最好的品牌传达了质量的保证。然而，品牌还是一个更为复杂的符号，它由品牌外部标记（包括名称、术语、图案等）、品牌识别、品牌联想、品牌形象等内容构成。它能表达六层含义，即属性、利益、价值、文化、个性和使用者。

1.4 拓展阅读

### （一）属性

品牌属性是指产品自身的特性，包括那些包含在产品说明书上的物理参数、技术参数、性能参数等。例如，奔驰 E 级加长版 E300L 的参数配置是：3.0 升汽油直喷 V6 发动机，最大输出功率为 180 kW（245 马力），峰值扭矩 300 N·m，匹配七速手自一体变速箱，最高时速 245 km……当然，这些参数还可以进一步概括为技术精良、耐用、高车速等。

### （二）利益

品牌利益是指产品的属性能给消费者带来的好处和收益。例如，奔驰轿车"技术精良"的属性可以给消费者带来安全需要的满足，而车的"耐用"属性能为消费者节约修理或更换新车的成本。

### （三）价值

价值其实质是产品给消费者提供的一组利益的提炼。这种价值既可以是产品功效上的价值性，也可以是对消费者情感满足上的价值性，还可以是关于消费者自我表达方面的象征性价值。例如，奔驰轿车能象征其拥有者的社会地位。

### （四）文化

品牌文化是指隐含在品牌中精神层面的内容。市场上很多行业领导品牌的文化常常代表着一种国家文化或民族文化。例如，可口可乐代表着热情奔放的美国文化；香奈尔代表着浪漫而高雅的法国文化；松下电器代表严谨而又团结的日本文化；奔驰代表着有组织、讲效率、重质量的德国文化……

### （五）个性

品牌个性是与品牌相关的一系列人类性格，是品牌形象人格化后所具有的个性。例如，奔驰的品牌个性是"成功、严谨和权威"，百事可乐的品牌个性是"新潮、活泼"，海尔的品牌个性是"真诚"，沃尔玛则使人感受到它"勤劳、朴实"的个性。品牌个性与品牌文化密切相关。品牌个性是品牌人格化以后所具有的"人"的个性，而人的个性的形成离不开他所处的社会环境，特别是文化环境。

### （六）使用者

品牌暗示了购买或者使用产品的消费者类型。品牌将消费者区别开来，

这种区别不仅从消费者的年龄、收入等表象特征体现出来,更多地体现在消费者心理特征和生活方式上。例如,欧莱雅的使用者是时尚、高雅的成熟女性,而奔驰的使用者是成熟稳重的成功人士(见图1-2)。

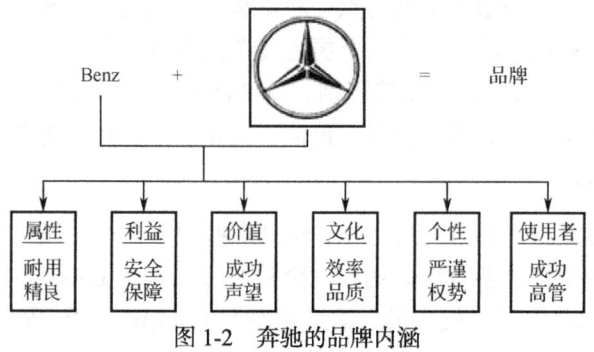

图 1-2　奔驰的品牌内涵

# 第二节　品牌的特征和分类

## 一、品牌的特征

### (一)品牌的专有性

品牌是用以识别生产者或销售者的产品或服务的。品牌拥有者经过法律程序的认定,享有品牌的专有权,有权要求其他企业或个人不得仿冒、伪造。品牌具有专有性和排他性。

### (二)品牌的表象性

品牌是企业的无形资产,不具有独立的实体,但它最原始的目的就是让人们通过一个比较容易记忆的形式来记住某个产品或企业,因此,品牌必须有物质载体,需要通过一系列的物质载体来表现自己,使品牌形式化。品牌的直接载体主要是文字、图案和符号,间接载体主要有产品质量、产品服务、知名度、美誉度、市场占有率等。没有物质载体,品牌就无法表现出来,更不可能达到品牌的整体传播效果。

### (三)品牌的价值性

品牌拥有者可以凭借品牌的优势不断获取利益,可以利用品牌的市场开拓力、形象扩张力不断地发展,因此品牌具有一定的价值。这种价值并不能像物质资产那样用实物的形式表述,但它能使企业的无形资产迅速增大,并且可以作为商品在市场上进行交易。作为无形资产的品牌价值可以量化。

### (四)品牌的扩张性

品牌具有识别功能,代表一种产品、一个企业,企业可以利用这个优点展示品牌对市场的开拓能力,还可以帮助企业利用品牌资本进行扩张。

### （五）品牌转化的风险性

品牌创立后，在其成长的过程中，由于市场的不断变化、需求的不断提高，企业的品牌资本既可能壮大，也可能缩小，甚至在竞争中退出市场。品牌的成长由此存在一定的风险，有时由于企业的产品质量出现意外，有时由于服务不过关，有时由于品牌资本盲目扩张，运作不佳，这些都给企业品牌的维护带来难度，使企业品牌效益的评估也出现不确定性。

## 二、品牌的分类

品牌可以依据不同的标准划分为不同的种类。

### （一）根据品牌知名度的辐射区域划分

根据品牌知名度的辐射区域划分，可以将品牌分为地区品牌、国内品牌和国际品牌。

地区品牌是指在一个较小的区域内生产销售的品牌，例如，地区性生产和销售的特色产品。这些产品一般在一定的范围内生产、销售，产品辐射范围不大，主要是受产品特性、地理条件及某些文化特性影响。

国内品牌是指国内知名度较高、产品辐射全国、全国销售的品牌，例如，长虹、娃哈哈、苏宁等。

国际品牌是指在国际市场上知名度、美誉度较高，产品辐射全球的品牌，例如，可口可乐、麦当劳、奔驰、微软等。

### （二）根据品牌产品生产经营的不同环节划分

根据品牌产品生产经营的不同环节划分，可以将品牌分为制造商品牌和经营商品牌。

制造商品牌是指制造商为自己生产制造的产品设计的品牌，例如，海尔、华为等。

经销商品牌是指经销商根据自身的需求和对市场的了解，结合企业发展需要创立的品牌，例如，沃尔玛、华润集团等。

### （三）根据品牌来源划分

根据品牌来源划分，可以将品牌分为自有品牌、外来品牌和嫁接品牌。

自有品牌是企业依据自身需要创立的。

外来品牌是指企业通过特许经营、兼并、收购或其他形式而取得的品牌。

嫁接品牌主要指通过合资、合作方式形成的带有双方品牌的新产品。

### （四）根据品牌的行业划分

根据品牌的行业划分，可以将品牌分为家电电子行业品牌、食品饮料行业品牌、日用化工品牌、企业机械品牌、服装鞋类品牌等。

除了上述几种分类以外，品牌还可以依据产品或服务在市场上的态势划分为强势品牌和弱势品牌；依据品牌用途不同，划分为生产资料品牌和消费品品牌。

# 第三节 品牌战略

## 一、品牌战略概述

1.5 视频讲解

在科技高度发达、信息快速传播的今天，产品、技术及管理方法等容易被对手模仿，而品牌一旦树立，则不但有价值并且不可模仿，因为品牌是一种消费者认知，是一种心理感觉，这种认知和感觉不能被轻易模仿。

打造品牌是企业上下与内外整体努力的结果，绝非仅仅是营销传播部门的专属职权。塑造品牌的目的在于累积作为企业无形资产之一的品牌资产，从而获取品牌资产所带来的有形价值与收益。可以说，品牌是一项长期的投资，塑造品牌已经成为一个完整的商业系统，它需要企业在研发、生产、销售、传播与服务等每个环节上做出正确的决策与行动。品牌的特征决定了品牌运作本身就是一项战略性工程，它具有长期性、持续性、系统性、全局性与全员性等战略特征，它需要企业以战略眼光，纵观全局，长期地、持续地操作，不可能一蹴而就、一劳永逸。

意欲打造强势品牌的企业要将品牌运作上升到战略层面，品牌需要战略规划，更需要从战略管理的角度对之进行科学管理，从分析、规划、实施到评估与控制。诸如万宝路、宝洁、IBM 等跨国企业无不将品牌资产视作企业最重要的无形资产，并由企业最高层直接挂帅管理，其策略与行为的变与不变，均是建立在品牌战略的基础上。沃尔沃所编制的名为《传播沃尔沃汽车：世界上最伟大的品牌之一》的品牌管理手册中，不仅设定了沃尔沃品牌的核心七要素（首屈一指的安全性能、环保领袖、价值最大化等），甚至还为品牌传播的语言、视觉、风格等确立了基调。而万宝路在其《品牌管理手册》中更是规定了所有传播表现上的人物、环境、色调乃至光线等基本要求。

## 二、品牌战略的内容

所谓品牌战略，包括品牌化决策、品牌模式选择、品牌识别界定、品牌延伸规划、品牌管理规划与品牌远景设立六个方面的内容。品牌战略是纲领性的、指导性的，也是竞争性和系统化的，它不是具体的战术性执行方案，更不是简单的一句品牌口号或一个品牌目标。

品牌化决策解决的是品牌的属性问题。是选择制造商品牌还是经销商品牌？是塑造企业品牌还是产品品牌？是自创品牌还是外购或加盟品牌？在品牌创立之前就要解决好这个问题。不同的决策预示着企业不同的道路与命运，例如，是选择"宜家"式产供销一体化，还是步"麦当劳"的特许加盟之旅。总之，不同类别的品牌，在不同行业与企业所处的不同阶段有其特定的适应性。

而品牌模式的选择，解决的则是品牌的结构问题。是选择综合性的单一品牌还是多元化的多品牌？是联合品牌还是主副品牌？是背书品牌还是担保品牌？品牌模式虽然无所谓好与坏，但是却有一定的行业适用性与时间性，尤其是对资源与管理能力有相当的要求。一个清晰、协调且科学的品牌结构，对于整合有限的资源，减少内耗，提高效能，加速累积品牌资产无疑是至关重要的。

品牌识别界定确立的是品牌的内涵，也就是企业经营者希望被消费者所认同的品牌形象，它是整个品牌战略规划的重心所在。它从品牌的理念识别、行为识别与符号识别三方面规范了品牌的思想、行为、外表等内涵及外延，其中包括以品牌的核心价值为中心的核心识别和以品牌承诺、品牌个性等元素组成的基本识别；还规范了品牌在企业、企业家、员工、代言人与产品、推广、传播等层面上的"为与不为"的行为准则；同时为品牌在视觉、听觉、触觉等方面的表现确立基本标准。

品牌延伸规划是对品牌未来发展领域的清晰界定。明确了未来品牌适合在哪些领域、行业发展与延伸，在降低延伸风险、规避品牌稀释风险的前提下，谋求品牌价值的最大化，例如，海尔家电统一用"海尔"品牌，就是品牌延伸的成功典范。

品牌管理规划是从组织机构与管理机制上为品牌建设保驾护航，在上述规划的基础上为品牌的发展设立远景，并明确品牌发展各阶段的目标与衡量指标。

企业做大做强靠战略，"人无远虑，必有近忧"，解决好战略问题是品牌发展的基本条件。可以说，品牌化决策、品牌模式选择、品牌识别界定、品牌延伸规划、品牌管理规划与品牌愿景设立之间既彼此独立又相互影响，品牌战略规划是一个完整的体系，密不可分。

品牌战略的确立应该是围绕企业的竞争实力来进行的，企业要根据自己的情况、行业的特点、市场的发展以及产品的特征，灵活地探寻合适的战略。以下我们将具体地分析一些有代表性的品牌战略。

## 三、品牌战略的基本模式

品牌战略选择是企业的根本性决策，也是企业品牌经营的纲领和"领袖"。企业如果缺乏品牌整体运作的长远思路，就会导致企业经营混乱无序，这无疑是对品牌资源的极大浪费。对于一艘盲目航行的船来说，来自任何方向的风都是逆风。对于企业而言，只有先做对的事，然后再把事情做对，才能顺利实现战略目标。正确的品牌战略是企业做对的事的起点。

1.6 视频讲解

不同企业面临的内外环境千差万别，它们选择的品牌战略也各有千秋。总的来说，品牌战略有以下六种基本模式。

● 战略一：多品牌战略。
● 战略二：单一品牌战略。

- 战略三：主副品牌战略。
- 战略四：背书品牌战略。
- 战略五：品牌联合战略。
- 战略六：品牌特许经营战略。

### (一) 多品牌战略

从 20 世纪六七十年代至今，全球企业界已经从产品经营阶段发展到品牌经营阶段，从而进入品牌竞争的时代。品牌已经成为顾客辨认和识别不同厂家及销售商的产品、服务并使其与竞争对手区别开来的工具，它是比企业产品更长久和更重要的核心竞争力与无形资产。

凸显个性、锁定不同目标消费群，是采用多品牌战略的出发点，对市场领导者而言，是战略防御的需要；对市场挑战者而言，是实施市场攻击的利器。当一个企业同时经营两个或两个以上相互独立的品牌时，它所采用的就是多品牌战略。

实施多品牌战略可以最大限度地占有市场，实现对消费者的交叉覆盖，并且还能降低企业的经营风险——即使一个品牌失败，对其他品牌也没有太大影响。不过，多品牌战略一般是实力强大的企业采取的战略。

### (二) 单一品牌战略

相对于多品牌战略，也有企业在所有产品上都用同一个品牌。例如，佳能公司，它所生产的相机、传真机、复印机等产品都统一使用"Canon"品牌。这样做的好处在于企业可以节省传播费用，有利于推出新品、彰显品牌形象。但单一品牌战略也有它的劣势——只要其中一个产品出现问题，就会殃及池鱼，产生恶性连锁反应。

此外，使用同一品牌的产品之间也不宜出现太大反差。

### (三) 主副品牌战略

主副品牌战略是以企业一个成功品牌作为主品牌，涵盖企业的系列产品，同时又给不同产品起一个生动活泼、富有魅力的名字作为副品牌，以突出产品的个性形象。副品牌虽然适用面窄，但是内涵比主品牌丰富。

例如，美的空调有 100 多款，而怎样才能让消费者一一记住它们呢？主副品牌战略便是解决之道。于是，美的利用星座作为产品的副品牌，"冷静星""超静星""智灵星""健康星"等应运而生。由于副品牌定位准确，所以美的产品投放市场后引起强烈反响。

不过，值得注意的是，在主副品牌战略的执行过程中，品牌传播的重心一定要放在主品牌上，副品牌应该处于从属地位。

### (四) 背书品牌战略

浏阳河酒、京酒、金六福酒等品牌都是由五粮液酒厂生产的，它们在传播品牌时，有意识地将这个信息传达给了消费者。与其他品牌关系相比，浏阳河酒、京酒、金六福酒等品牌与五粮液之间的关系比较松散，在包装上，

"五粮液"的位置并不突出，它只起到背书和担保的作用，这就是背书品牌战略。

背书品牌主要是向消费者担保，这些产品一定会带来它所承诺的优点，因为这个品牌的背后是一个成功的企业，它可以生产出优质的产品。背书战略尤其适合推广新品。

不过，对于被担保品牌而言，背书品牌既是支持，同时也是制约。背书品牌的形象可能会阻碍被担保品牌走出一条属于自己的路。因此，当被担保品牌较为强大后，可以选择走出背书品牌的"庇护"，开创自己的天地。

### （五）品牌联合战略

在同一个产品上使用两个或更多品牌，以便实现相互借势，达到 1+1 > 2 的目的，这就是品牌联合战略。

英特尔公司与全球主要计算机制造商之间的合作，就是典型的品牌联合案例。英特尔公司是世界上最大的计算机芯片生产者，曾以开发、生产 x86 系列微处理器产品而闻名于世。但由于 x86 系列产品未获得商标保护，因此，竞争对手也大量生产，使英特尔公司利益受损。鉴于此，英特尔公司推出了鼓励计算机制造商在其产品上使用"intel inside"标志的联合计划。结果在计划实施的短短 18 个月里，"intel inside"标志的曝光数高达 100 亿次，使许多购买者认定要购买有"intel inside"标志的计算机。

### （六）品牌特许经营战略

在全球范围内，实施品牌特许经营战略最为成功的企业当数麦当劳。品牌特许经营战略是指特许人与受许人借助同一个品牌，在相同模式的约束下实现品牌扩张，以便达到双赢或多赢目的。当特许人向受许人提供统一的品牌、技术、管理、营销等之后，受许人要向特许人支付一定的费用。品牌特许经营战略可以实现品牌的快速扩张，并能借助受许人的资金，降低风险与成本。

# 第四节  品 牌 管 理

品牌管理是指管理者为培育品牌资产而展开的以消费者为中心的规划、传播、提升和评估等一系列战略决策及策略执行活动。这个定义反映了如下几层含义：

（1）品牌管理的对象是品牌资产，品牌资产是由品牌本身所驱动而带来的市场价值或附加价值，是一种超越生产、商品、所有有形资产以外的价值；

（2）品牌管理是以提升品牌所代表的无形资产和市场价值为目的的；

（3）品牌管理是一个不断积累、丰富和完善品牌资产的过程，它需要时

1.7 视频讲解

时关注消费者对某个品牌的喜好、评判和取舍；

（4）品牌管理更多地表现为一种对外的、关注市场表现的"外向型"行为。

## 一、品牌管理的组织

早在一个多世纪以前，品牌管理就受到了西方企业的高度重视，并且被作为营销管理甚至整个企业管理的一个核心。

从历史上看，曾经先后产生过三种传统的品牌管理组织形式，即业主负责制、职能负责制和产品品牌经理制。其中，产品品牌经理制从宝洁创立之日起，至今仍然在一些领域发挥着重要作用。但是，产品品牌经理制也越来越显示出其局限性，出现了新的品牌管理组织形式。

### （一）传统的品牌管理组织

#### 1. 业主负责制

业主负责制也称为公司经理负责制，是指品牌（或产品层次）的决策活动以及大多数组织实施活动全由业主或公司经理以及公司的高层领导承担，而只有那些低层次的具体活动才授权下属去执行的一种高度集权的品牌管理制度。

20世纪20年代以前，这种品牌管理方式在西方国家企业中占统治地位。例如，可口可乐的阿萨·坎德勒亲自参与全国性分销网络的建设及选择广告代理商的活动。

业主负责制的优点表现为：决策迅速，协调能力强，同时可以注入业主或公司经理的企业家精神，从而为品牌发展提供强大的策动力。其缺点是不适合规模较大的企业，当企业规模达到一定的程度，需要与各方面的组织和机构打交道时，业主负责制这种品牌管理组织形式就会显示其越来越大的局限性。

#### 2. 职能负责制

职能负责制在20世纪20年代以后兴起，它的出现标志着品牌管理真正发展并逐步完善起来。

职能负责制是指在公司统一协调下，品牌管理职责主要由公司各职能部门分担，各职能部门在各自的权责范围内分别对品牌进行管理，其中通行的做法是主要由市场部或广告部制定有关的品牌管理制度。

该组织形式在20世纪20年代至50年代的西方国家比较盛行，至今仍然被一些西方企业所采用。我国目前也有相当多的企业采用这种品牌管理组织形式。

职能负责制的优点是可以使公司领导集中精力思考和解决企业发展的重大问题，可以使品牌管理由传统的直觉与经验型转向以知识为基础的科学管理，从而提高管理水平，促进品牌管理的科学化。其缺点是彼此平行的职能部门之间缺乏有效的沟通与协调，容易导致品牌管理责任不明确。

1929 年，全球性的经济危机爆发，在经济危机的冲击下，很多品牌受到了严峻的挑战，为了生存，企业不得不开始寻求更为有效的品牌管理方法，在这种背景下，产品品牌经理制应运而生。

**3. 产品品牌经理制**

产品品牌经理制由美国宝洁公司于 1931 年首创。其基本操作思路是企业为每个品牌安排一位品牌经理，由其负责协调该品牌的各项活动，如图 1-3 所示。

产品品牌经理制在美国推广得很快，到 1967 年，有 84% 的主要耐用品生产企业采用了品牌经理制。

产品品牌经理制为企业的每一种产品或品牌的营销提供了强有力的保证，增强了各职能部门围绕品牌运作的协调性，有利于维持品牌的长期发展和整体形象，并且给零售商和消费者更广阔的选择空间，有助于企业贯彻执行市场导向的营销策略。此外，产品品牌经理制改变了企业的目标管理过程，有助于创造一种健康的内部竞争环境，有助于培养营销管理人才。

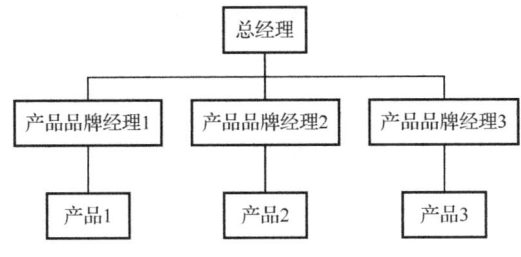

图 1-3　产品品牌经理制

产品品牌经理的职责主要包括：

● 制订品牌的长期经营目标和竞争战略。
● 编制详细的产品品牌年度营销计划并进行销售预测。
● 与广告代理商和经销商一起进行产品品牌的广告策划。
● 激发销售人员和经销商对该产品品牌的推销兴趣。
● 不断搜集有关产品的各方面信息。
● 组织产品品牌改进，以便适应不断变化的市场需求。

一位成功的产品品牌经理要有敏锐的市场洞察力，要具备全面的产品知识，还要具有跨职能的领导能力，富有组织能力，掌握出色的人际关系技巧并具有权威性。

产品品牌经理制在创建以来的近半个世纪里，发挥了很大的作用，几乎成了西方跨国公司普遍采用的“标准”品牌管理模式。但随着社会经济的发展，产品品牌经理制的局限性也表现得越来越明显。1994 年，英国《经济学家》杂志曾经发表了题为《品牌经理的终结》一文，对产品品牌经理制的弊端进行了尖锐的批评。产品品牌经理制的局限性主要体现在以下几个方面：

● 竞争有余而合作不足。

- 品牌管理缺乏统一的规划和领导。
- 导致腐败滋生。
- 产品品牌经理有时会过分强调短期成果。
- 产品品牌经理制所需的费用常常高出预算。

### （二）新兴的品牌管理组织

企业只有适应环境的变化，不断地调整品牌管理方法，才有可能在竞争日趋激烈的市场中站稳脚跟。随着产品品牌经理制的缺陷越来越明显，大多数企业都面临寻求一种新的管理方法的任务，于是产生了类别品牌经理制和企业品牌经理制。

#### 1. 类别品牌经理制

在产品品牌经理制下，各品牌经理为了各自的利益而战，竞争有余而合作不足，对企业资源造成了很大的浪费。从 20 世纪 80 年代末 90 年代初开始，产品品牌经理制的鼻祖宝洁公司开始推行新的品牌管理制度——类别品牌经理制。这个制度推出以后，受到了西方企业的欢迎，尤其是在消费品行业。

类别品牌经理制是在产品品牌经理制的基础上发展起来的，因此本身并不完全否定产品品牌经理制。其基本做法是，首先将企业中的品牌按产品性质分为若干个类别，第一类别设置一个类别经理，管理着该类别下所属同类产品品牌。在管理体制上，实行二级管理，在保留原先的产品品牌经理的基础上，再增加一层协调机构——类别管理层，产品品牌经理与类别品牌经理协调共事，共同推动组织目标的实现，如图 1-4 所示。

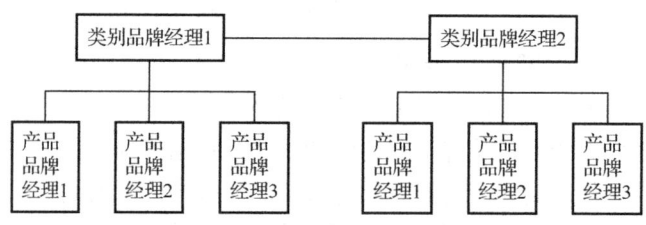

图 1-4　类别品牌经理制

类别品牌经理的主要职责是协调与其他品类品牌的关系，确保同类产品的各品牌之间不出现过度竞争。

公司内部品牌的竞争多发生在同一产品线下的各品牌之间。同类产品品牌的竞争不仅表现为争夺企业内部的资源，在市场上，这些品牌也是竞争对手。类别品牌经理一方面要将企业内部资源合理分配给不同的品牌，更重要的任务是将自己管理的各品牌实行严格的市场区分，这需要类别品牌经理对同类品牌的数量、定位有科学合理的布局。各品牌分布既不能留下市场空白，也不能相互覆盖。

#### 2. 企业品牌经理制

企业品牌经理制的产生是为了强化良好的企业品牌与优质产品之间的联系，通过企业品牌经理制整合品牌系统。企业品牌经理制可以使企业从战略高度对品牌进行管理，可以使众多品牌相互支持，成为一个有机整体，有利于企业集中培育企业品牌，更好地实现资源的合理配置，让企业从更高、更远的角度选择适合自我发展的品牌管理模式。

企业品牌经理的职责主要包括：

- 制订品牌管理的战略性文件、规定品牌管理与识别运用的一致性策略方面的最高原则。
- 建立母品牌的核心价值及定位，并使之适应公司的文化及发展需要。
- 制订品牌系统的整体规划，使公司的每一个品牌都有明确的角色。
- 解决品牌延伸、提升方面的战略性问题。
- 品牌体验、品牌资产评估、品牌传播的战略性监控。

当然，企业也可以借助"外脑"，即专业的品牌咨询顾问公司来完成企业品牌经理的任务。

企业要实现品牌系统管理，需要建立协调运作的、强有力的品牌管理机构。品牌管理机构一般由企业品牌经理、品牌管理委员会、类别品牌经理、产品品牌经理组成，如图 1-5 所示。

## 二、品牌管理的步骤

品牌管理体系的建立意味着企业已经超越了纯粹的产品管理和市场管理，企业的经营是将产品经营和品牌无形资产经营融为一体的商业模式，而品牌管理的对象，涉及品牌创造的全过程及各方面工作，其品牌管理过程分为八个步骤。

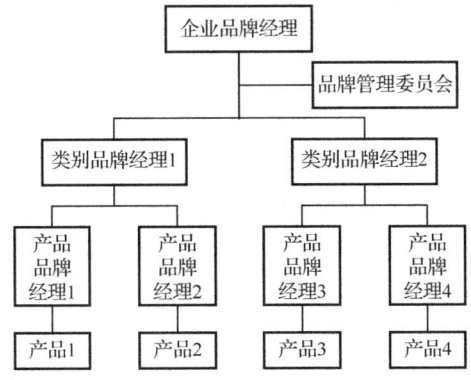

图 1-5　企业品牌经理制

### （一）建立品牌管理组织

企业内部的品牌管理组织一般由主管副总、品牌委员会、类别品牌经理（管理一个大类多个品牌）、产品品牌经理组成。此外，也可以聘请外部品牌管理专业机构，请他们担任品牌管理与部分执行工作的代理人。

### （二）制订品牌创建的计划

品牌创建计划包括品牌战略方针、目标、步骤、进度、措施、对参与管

理与执行者的激励和控制办法、预算等。

### （三）品牌长期定位的市场调研

通过市场调研，找到一个合适的细分顾客群，找到顾客群心目中共有的关键购买诱因，并且还要了解清楚，目前有没有针对这个诱因的其他强势品牌。

### （四）品牌设计

一个完整、丰满的品牌设计，包括品牌识别体系、品牌个性定义、品牌核心概念定义和品牌延伸概念定义。

### （五）阶段性或间隔性的品牌传播

该步骤是品牌设计的执行阶段，主要分为两大类工作，一是沟通性传播，二是非沟通性传播。

沟通性传播包括广告、公共关系、销售促进、口碑传播等途径。

非沟通性传播指产品与服务、价格、销售渠道。从传播角度看，这些因素也是向顾客传达信息的载体，也应该纳入传播控制之中。

品牌传播的主要任务是运用统一的大传播组合和互动式沟通的办法，按照既定的品牌设计，针对阶段性或间隔性市场形势，调动沟通性传播与非沟通性传播的各方面创造性努力及成果，形成面向顾客的统一品牌形象。

这个统一的品牌形象，更多的是满足某个时期顾客与竞争的要求，或某个市场区分顾客群与竞争的要求，因此，它具有阶段性或间隔性特点，不过该品牌形象必须保持既定品牌设计的内在精神与基本视觉标志。

### （六）实施持续的、扩大的整合传播

品牌创建需要一个较长的时间周期和覆盖一个较大的市场范围，没有多个回合是不可能完成的。在长期、持续、扩大的整合传播过程中，必须保持品牌的一致性，这是一个重要原则。

### （七）形成广泛认同的品牌形象

品牌管理的目的就是让既定的品牌设计为足够规模的顾客群与潜在顾客群所接受，并转化为高度认同的品牌形象。

### （八）品牌评估

通过权威机构对品牌的评估，把品牌确定为量化的资本财富，这是将品牌资产运用到融资与合作、合资上的必要手段。

此外，在品牌管理过程中，还需要处理三个关系：与消费者的沟通关系、与竞争者的竞合关系、与合作者的合作关系。

沟通关系是针对消费者而言的。品牌管理的目标是通过研究，明确目标消费者的需求所在，依据总体战略规划，通过广告宣传、公关活动等推广手段，实现目标消费者对品牌的深度了解，在消费者的心目中建立品牌地位，促进品牌忠诚。

竞合关系是针对竞争者而言的。竞争的核心并非对抗，而是根据市场的实际情况、竞争者在市场中的地位、竞争者的态度等建立相应的竞争和合作关系。

合作关系是针对企业合作者而言的。合作者包括服务于企业的相关单位及企业服务的单位。服务于企业的单位有咨询、广告、调研、策划等企业外脑；企业服务的单位包括渠道中的代理商、经销商，上游的供应商等。此外，企业合作者还包括品牌合作者、业务合作者等。合作关系的建立需要企业内部各职能部门的共同努力。

## 三、品牌管理人员的工作职责

品牌建设不仅仅是对品牌的创建、维护，在企业运营的全过程中，还需要营销体系、售后体系以及金融保证等体制上的配套完善。

创建品牌、打造品牌是前期阶段的任务，但是中期与后期的品牌维护与管理更为重要。若是品牌得不到维护，那么，品牌的口碑和价值就会弱化，甚至消失。

品牌管理主要有如下四个核心任务。

一是明确品牌管理部门的主要职能。品牌管理部门是创建强势品牌的组织保证，通过对品牌进行科学的管理，可以促进品牌的整体发展，推动品牌的战略实现。

二是选择合适的品牌扩张策略。多品牌能够帮助企业最大限度地占领各细分市场，避免企业将品牌管理的风险集中在某一个产品品牌的成败上，而成功的品牌延伸能降低企业的营销成本，提高品牌资产与价值，丰富品牌形象。

三是定期进行品牌价值评估。品牌价值不是一成不变的。量化企业的品牌价值，可以凸显其行业主导地位，引导社会资源向优秀品牌企业聚焦。此外，进行品牌价值评估可以发挥品牌价值在投融资、兼并收购以及对外合作过程中的作用。跟踪企业品牌价值变化，可以指导企业及时调整品牌策略，促进企业无形资产的保值、增值。

四是重视品牌保护。品牌保护的核心是对品牌知识产权的保护。品牌保护能够巩固和提高品牌的竞争力和市场影响，延长其市场寿命，维持品牌与消费者的长期忠诚联系，使品牌资产不断增值。

很多企业针对不同的品牌或不同的产品系列，设立专项品牌经理进行品牌管理，品牌管理人员的具体工作职责为研究、规划、实施、协调和检讨。

### （一）研究

研究包含战略层面和业务层面两部分。战略层面是对影响品牌成长的外部经济环境、产业环境、竞争环境、政策、社会人文等的态势研究。业务层面则是针对具体业务开展的竞争动态、顾客需求的研究。由于具体的市场调查工作由专业人员来完成，因此，品牌管理的工作在于明确调查对象、调查

品牌管理

目标、调查时间等，并对调查结果结合工作实际进行更深入的剖析以便作为制订相关策略的依据。

鉴于品牌管理的工作是不能脱离市场实际的，因此，品牌管理人员也需要亲自到市场中去感知市场的变化，感受顾客的需求。

研究是品牌定位的基础，而品牌定位又是品牌规划的先决条件，对于没有明确定位或定位不当的品牌，品牌管理人员需要通过研究的成果对品牌进行定位或重新定位。

（二）规划

规划又分为品牌形象规划和品牌发展规划。首先是品牌形象规划，是以市场研究及品牌策略为基础，对于品牌形象的创建和维护，要建立品牌名称、品牌标志、品牌视觉及理念识别体系、品牌口号、发掘品牌历史和故事等，并要维护品牌形象的一致性，以免造成品牌定位认知的模糊。

品牌发展规划是规划品牌与顾客及社会利益群体沟通的对象、时间、方式和目标，是对品牌的培育计划，其包含长期规划和短期规划。长期规划是根据企业的经营战略规划制订品牌长期的发展计划，是项目整体运作过程中及运作之后对于品牌发展的总蓝图。但对于业务层面而言，更注重短期规划。短期规划又包括年度计划、季度计划、月度计划和动态计划或按照项目开展的周期确定不同运作阶段的阶段性品牌传播计划。首先要有全年或全阶段的整体计划，其次将总的阶段再区分为不同的小的阶段，制订分阶段的品牌发展计划。在具体执行过程中，还需要根据市场的动态变化制订一些应变的计划及方案等。

品牌规划是以整体的战略或策略为依托，实现与目标对象的长期和立体沟通关系。其基本逻辑体系是：背景环境及数据分析—设定目标—策略生成—用于实现策略和目标的实施方案—方案实施效果预估—方案实施及效果评价。

（三）实施

品牌管理工作具体方案的实施包括广告表现、媒体选择、公关活动、销售促进、品牌联合、形象设计等，有些需要品牌管理人员具体实施，有些则需要组织协调或实施过程中的监控，目标是要保障有效执行，使规划能有效着陆，从而达到品牌规划所预期的效果。

（四）协调

品牌管理人员要承担和企业内部及外部相关职能人员的协调工作，包括与部门内部的市场调研、促销、媒体人员，企业内部的上级主管、销售、生产储运、采购、财务等部门人员以及企业外部相关人员的协调工作，其目的是促进相关人员了解品牌管理工作的进展并协调各方的工作。

（五）检讨

对于品牌实施过程中的各项工作及方案，品牌管理人员需要定期不定期地检讨，一是自省，通过例行的工作检查，对于实施的过程及结果进行评价，如果出现与目标偏差的情况就应该及时提出矫正方案；二是听取来自外部同僚及上级的批评意见和建议。

 ## 本章回顾

基于不同的研究角度，国内外学者对品牌有不同的理解。正确认识和深刻理解品牌的概念、内涵和相关的基础知识，是创建品牌并开展品牌经营的基础。本章以菲利普·科特勒的定义为基础，将品牌界定为：用以识别某个销售者或某群销售者的产品或服务，并使之与竞争对手的产品或服务区别开来的商业名称及其标志，通常由文字、标记、符号、图案和颜色等要素或这些要素的组合构成。本章进一步阐述了品牌的内涵，分析了品牌的特征，介绍了品牌分类，最后，对品牌战略与品牌管理的相关内容进行了阐述与分析。

1.8 测验

 ## 问题思考与讨论

1. 除了产品和服务可以品牌化，你认为人和组织可以品牌化吗？体育、文化和娱乐可以品牌化吗？地理区域可以品牌化吗？想法和理念可以品牌化吗？如果你认为以上的某一项可以品牌化，请谈谈你的认识。

2. 名人具有品牌属性，普通人也可以建立自己的个人品牌，你希望为自己树立一个怎样的品牌形象？如何实现呢？

3. 你认为中国知名品牌与国际知名品牌的差距表现在哪些方面？原因是什么？你觉得将中国品牌打造成世界知名品牌应该怎么做？

## 本章实践任务：我最喜欢的品牌

介绍一个你最喜欢的品牌，包括其品牌名称和品牌标志、品牌的内涵（属性、利益、价值、文化、个性和使用者）、品牌战略的基本模式、品牌的发展历程、品牌故事等。

提示和要求：查找与该品牌相关的信息，制作 PPT，建议课堂展示，在展示时阐述该品牌吸引你的地方，即你为什么喜欢它。可以先列出提纲（见表 1-1）。

1.9 作业范例

表 1-1 我最喜欢的品牌

| 品牌名称（中文/英文） | |
| --- | --- |
| 品牌标志 | |

续表

| | | |
|---|---|---|
| 品牌的内涵 | 属性 | |
| | 利益 | |
| | 价值 | |
| | 文化 | |
| | 个性 | |
| | 使用者 | |
| 品牌战略的基本模式 | | |
| 品牌的发展历程 | | |
| 品牌故事 | | |
| 其他 | | |
| 我喜欢这个品牌的原因 | | |

## ✏ 案例分析

### 宝洁的多品牌战略

宝洁公司能够成为 100 多年持续不断发展的公司，背后的机密就像宝洁公司前总裁奥图说的一样：我们把品牌推销给将近 50 亿的消费者，我们做的是一种全球战略，可是我们实现的却是我们跟消费者之间一对一的关系，这才是我们真正的竞争优势。世界上很少有公司能够将 300 多个品牌推销到 180 多个国家，而这恰恰就是宝洁、可口可乐等优秀公司真正伟大之处。在消费者调查方面，大部分技术都是宝洁最早使用或者发明的，比如上门调查的访问方式，或者问卷调查，都是最早从宝洁做起的。正是因为对消费者的充分了解，宝洁才成功地建立起自己的品牌体系。

宝洁在国际市场上是驰名品牌的代名词，在中国市场上则是已经壮大的跨国公司们的代言人。宝洁不断地推动着中国市场竞争的升级，甚至悄然改变着中国人的生活方式。

宝洁以"亲近生活，美化生活"为宗旨，为现在和未来的世世代代，提供优质超值的品牌产品和服务，在全世界更多的地方，更全面地亲近和美化更多消费者的生活。

**宝洁旗下有以下几类品牌：**

**美尚类**

● 洗发水：海飞丝、飘柔、潘婷、沙宣、伊卡璐、威娜（发廊专用）。

● 化妆品：SK-Ⅱ、玉兰油。

● 香皂，沐浴露：舒肤佳、玉兰油、卡玫尔。

● 彩妆：蜜丝佛陀、covergirl（封面女郎）。

● 香水：Hugoboss、Lacoste、Escada（艾斯卡达）、Dunhill（登喜路）、Valentino、Lanvin（朗万）、Paul Smith（保罗·史密斯）、GUCCI（古驰）、Dolce&Gabbana（杜嘉班纳）。

**健康类**

● 男士系列：吉列、博朗。

● 妇女用品：护舒宝、朵朵。

● 儿童用品：帮宝适。

● 牙膏、牙刷：佳洁士、欧乐-B。

**家居类**

● 洗衣剂：碧浪、汰渍、蓝诺。

● 食品：品客。

● 电池：金霸王。

旗下品牌如图1-6所示。

图1-6　宝洁旗下品牌

品牌管理

**多品牌定位战略**

**1. 同系多品牌功能不同**

宝洁保证各品牌为消费者提供差异化功能，每个品牌要有各自的定位和个性。它们大多属于中高档，集品牌精神和时尚于一体。飘柔的"洗发、护发二合一"，海飞丝的"去头屑"，潘婷的"头发养护专家"，沙宣的"专业美发用品"，舒肤佳的"杀菌及长时间抑制细菌再生"，碧浪的"强力去污"，它们都对消费者承诺了一个重要的利益点，同时取得了消费者的认可。

**2. 功能诉求依据消费者定位**

不同的消费者，需求不同。宝洁在头发护理方面提供了众多不同功能的产品，比如发型塑造、去头屑、闪亮发质及健康养护等诸多功能，需要多个品牌去满足。因此，宝洁在洗发水产品上推出了多个品牌，如图1-7所示。但有的方面一个品牌就能满足需求了，例如，帮宝适一个品牌就可以畅销全球，玉兰油也是这样。

图1-7　宝洁旗下洗发水品牌

**多品牌管理战略**

**1. 特有的品牌经理制**

在宝洁，当一个产品研发出来后，就会指定一个品牌经理。一个品牌经理只对一个产品负责，就如同一个产品的"总经理"。品牌经理对各个部门进行协调，保障各个部门资源的有效调配，确保该产品引起公司的注意并得到相应的资源，从而确保该品牌的成功。

2. 首创的市场调研部门

宝洁在消费者市场研究方面始终处于领先地位。宝洁首创了市场调研部门，研究消费者的喜好及购买习惯，这是工业史上最早的市场研究部门，宝洁也因此成为美国工业界率先运用科学分析方法了解消费者需求的公司之一。宝洁在世界各地开展业务前，必定先对消费者、市场进行调研，以满足消费者的需求为起点，为品牌打下良好的基础。

**多品牌销售战略**

1. 一品多牌占领细分市场

宝洁利用"一品多牌"从功能、价格、包装等各方面进行市场细分，以满足不同层次、不同需要的各类顾客的需求，不断地提高市场占有率，从而培养消费者对宝洁品牌的偏好，提高顾客忠诚度。此外，宝洁从功能、价格诸方面对市场的细分，更是令竞争者难以插足。

2. 多品牌出击遏制竞争对手

宝洁利用多个品牌的频频出击，使公司在顾客心目中树立起实力雄厚的形象，有利于遏制竞争对手。尤其是像洗衣粉、洗发水这种"一品多牌"的市场，宝洁公司的产品摆满了货架（见图1-8），就等于从销售渠道上减少了竞争对手进攻的可能。

图1-8 宝洁品牌产品货架展示

**多品牌推广战略**

1. 示范式广告表现策略

宝洁的广告多采用示范式，即采用消费者的现身说法：让经常使用该产品的人（一般为家庭主妇）用平实的语言进行诉求。向消费者提供一个或多个利益点，直接阐述商品的特点，用产品的特殊功能来理智地打动消费者。

2. 长时间持续广告传播

不管是飘柔还是舒肤佳，宝洁都投入了大量广告费进行持续性、长时间的广告传播，目的在于确定概念、强化品牌、锤炼公众意识，使这些品牌的概念深入人心，保持长期的强大市场占有率。

3. 广告媒介精准投放

虽然宝洁公司在报纸、杂志、网络等主要媒体都投入广告费，但是鉴于其主要生产大众化的家庭用品，它把大部分广告费投放在电视这个最大众化的媒体上。它的这一媒体策略在中国也十分明显。此外，宝洁还加大在央视投放 30 秒以上的加长电视广告，由此而带来的传播效应可想而知。

讨论

（1）宝洁实施多品牌战略成功的因素有哪些？

（2）多品牌战略的优势和风险表现在哪些方面？

# 第二章

# 为品牌命名和设计品牌标志

把你的好名字看成你能拥有的最宝贵的财富——因为其价值就像一盆火焰，你一旦把它点燃，你就可以很容易保有它……

——苏格拉底

 **本章提要**

品牌标志与品牌名称都是构成完整的品牌概念的要素。在生活中，我们所能想到的一些独特的东西，都必然会有一个特别的名称，有一个特别的标志。这个名称和标志的形成有各种原因，重要的在于它代表的是独特和与众不同。

通过本章的学习你将了解和掌握以下内容：

● 品牌命名的原则和思路
● 品牌标志设计的原则和流程

## 导入案例

世界著名的宏碁（Acer）电脑 1976 年创业时的英文名称叫 Multitech。经过十年的努力，Multitech 刚刚在国际市场上小有名气，但就在此时，一家美国数据机厂商通过律师通知宏碁，指控宏碁侵犯了该公司的商标权，必须立即停止使用 Multitech 作为公司及品牌名称。经过查证，这家名为 Multitech 的美国数据机制造商在美国确实拥有商标权，而且在欧洲许多国家都早宏碁一步完成了注册。商标权的问题如果不能解决，宏碁的自有品牌 Multitech 在欧美许多国家恐将寸步难行。在全世界，以"tech"为名的信息技术公司不胜枚举，因为大家都强调技术（tech），这样的名称没有差异化，又因为雷同性太高，在很多国家都不能注册，导致无法推广品牌。因此，宏碁在加速国际化脚步时，就不得不考虑更换品牌。宏碁不计成本，将更改公司英文名称及商标的工作交给世界著名的广告公司——奥美（O&M）广告。为了创造一个具有国际品位的品牌名称，奥美动员纽约、英国、日本、澳大利亚、中国台湾分公司的创意工作者，运用电脑从 4 万多个名字中筛选，挑出了 1 000 多个符合命名条件的名字，再交由宏碁的相关人士讨论，前后历时七八个月，终于决定选用 Acer 这个名字。

宏碁选择 Acer 作为新的公司名称与品牌名称，出于以下几方面的考虑：

（1）Acer 源于拉丁文，代表鲜明的、活泼的、敏锐的、有洞察力的，这些意义和宏碁所从事的高科技行业的特性相吻合。

（2）Acer 在英文中源于词根 Ace（王牌），有优秀、杰出的含义。

（3）许多文件列举厂商或品牌名称时，习惯按英文字母顺序排列。Acer 第一个字母是 A，第二个字母是 C，取名 Acer 有助于宏碁在报刊媒体的资料中排行在前，加深消费者对 Acer 的印象。

（4）Acer 只有两个音节，四个英文字母，易读易记，比起宏碁原来的英文名称 Mutitech，显得更有价值感，也更有国际品位。

为了更改品牌名称和设计新商标，宏碁共花费了近 100 万美元。应该说宏碁没有在法律诉讼上过多纠缠而毅然决定摒弃平庸的品牌名 Multitech，改用更具有鲜明个性的品牌名称 Acer，是一项明智之举。

# 第一节 品牌命名

通常来说，品牌视觉感知固然极为重要，然而品牌命名才是创立品牌的第一步。一个好的品牌名称是一个企业、一种产品拥有的一笔永久性的精神财富。只要其名称、商标一经登记注册，就拥有了对该名称的独家使用权。品牌名称是品牌被认知、接受、满意乃至忠诚的前提，品牌名称在很大的程度上影响品牌联想，并对产品的消费产生直接影响。品牌名称作为品牌的核心要素甚至会直接导致一个品牌的兴衰。下面我们就谈一谈品牌命名的一般原则。

## 一、品牌命名的原则

### （一）合法

合法是指品牌名称能够在法律上得到保护，这是品牌命名的首要前提。再好的名字，如果不能注册，得不到法律保护，就不是真正属于自己的品牌。

2.1 视频讲解

米勒公司曾经推出一种淡啤酒，取名为"Lite"，即"淡色的"的英文"light"的变异，生意兴旺，其他啤酒厂纷纷仿效，也推出以"Lite"命名的淡啤酒。由于"Lite"是直接描绘某类特定产品的普通词汇，法院判决不予保护，因此，米勒公司失去了对"Lite"的商标专用权。

### （二）尊重文化与跨越地理限制

由于世界各国、各地区消费者的历史文化、风俗习惯、价值观念等存在一定的差异，他们对同一品牌的看法也会有所不同。在一个国家是非常美好的意思，可是到了另一个国家其含义可能会完全相反。比如蝙蝠，因"蝠"

与"福"同音，在我国被认为有美好的联想，因此在我国有"蝙蝠"电扇；而在英语里，蝙蝠的英语"bat"却有"吸血鬼"的意思。

我国的绝大多数品牌由于只以汉字命名，所以有些品牌在走出国门时，让外国人难以理解。有些品牌采用汉语拼音作为变通措施，被证明也是行不通的，因为外国人并不懂拼音所代表的含义，例如，长虹，以其汉语拼音"CHANGHONG"作为附注商标，但"CHANGHONG"在外国人眼里却没有任何含义。而海信则具备了全球战略眼光，注册了"Hisense"的英文商标，它来自"high sense"，是"高灵敏"的意思，这非常符合其产品特性。同时，"high sense"又可以译为"高远的见识"，体现了品牌的远大理想。

国际品牌在进入不同的国家和地区时，也有犯错的时候。"Whisky"是世界知名的酒类品牌，进入香港和内地时被译成"威士忌"，被认为"威严的绅士忌讳喝它"，所以绅士们自然对它有所顾忌。而"Brandy"译成"白兰地"，被认为是"洁白如雪的兰花盛开在大地上"，意境优美之极，自然绅士们更愿意选择它。

### （三）简单易记，易传播

为品牌取名，也要遵循简洁的原则，简洁的名称消费者容易记住，而且也便于品牌的宣传和推广。今天，我们耳熟能详的一些品牌莫不如此，青岛、999、华为、联想、海尔、小天鹅、方太等，都非常简单好记。IBM 是全球十大品牌之一，它被誉为"蓝色巨人"。IBM 的全称是"国际商用机器公司"（International Business Machines Corporation），这样的名称不但难记忆，而且不易读写，在传播上首先就自己给自己制造了障碍，于是，国际商用机器公司设计出了简单的 IBM 的字体造型对外传播，终于造就了其高科技领域的领导者形象。

吉普（Jeep）汽车的车身都带有 GP 标志，并标明是通用型越野车，Jeep即通用型的英文"General Purpose"首字母缩写 GP 的发音。但有另一种来源之说，称其来源于一部连环画中的一个怪物，这个怪物总是发出"吉——普，吉——普"的声音。无论是哪种来源，吉普（Jeep）这个名字都非常容易发音和易于传播。

### （四）能够产生正面联想

早年曾宪梓先生以制造领带起家，最初品牌命名为"金狮（GoldLion）"，怎么也打不开销路，曾先生很是纳闷儿：我的领带质地、款式都不比那些世界级知名品牌差，价格也不高，可为什么就是卖不出去呢？一日，亲友点拨："金狮、金狮，多不吉利，又尸又失的，这种领带谁还敢戴？"后来曾宪梓先生保留了"金"字，又把英文 Lion 改为音译"利来"，情形大为改观，吉祥如意的名字立即带来了好运，"金利来"领带销量猛增，销路大开。

2.2　案例（动画）

### （五）暗示产品属性

有一些品牌，人们可以从它的名字一眼就看出它是什么类型的产品，例如，脑白金、五粮液、雪碧、高露洁、创可贴等。再比如，"劲量"用于电池，恰当地表达了产品持久强劲的特点；固特异用于轮胎，准确地展现了产品坚固耐用的属性。

需要指出的是，与产品属性联系比较紧密的这类品牌名，大多实施专业化策略。如果一个品牌需要实施多元化战略，那么其品牌名与产品属性联系越紧，对其今后的发展越不利。

### （六）预埋发展管线

品牌在命名时就要考虑到，即使品牌发展到一定的阶段也要能够适应。对于一个多元化的品牌，如果品牌名称和某类产品联系太紧，就不利于品牌今后扩展到其他产品类型。通常，一个无具体意义而又不带任何负面效应的品牌名，比较适合于今后的品牌延伸。例如，索尼（SONY），不论是中文名还是英文名，都没有具体的内涵，仅从名称上，不会联想到任何类型的产品，这样，品牌可以扩展到其他产品领域而不至于作茧自缚。

## 二、品牌命名的思路

### （一）以产品带给消费者的不同利益层面来命名

#### 1. 功效性品牌

这类品牌以产品的某种功能效果作为品牌命名的依据，例如，奔驰（汽车）、飘柔（洗发水）、波音（飞机）、佳能（相机）、捷豹（汽车）、舒肤佳（香皂）、汰渍（洗衣粉）、固特异（轮胎）、锐步（运动鞋）等。

#### 2. 情感性品牌

这类品牌以产品带给消费者的精神感受作为品牌命名的依据，例如，登喜路（服装）、金利来（服装）、贺喜（巧克力）、美的（家电）、百威（啤酒）、七喜（饮料）、富豪（汽车）、吉列（刀片）、万事达（信用卡）等。

#### 3. 中性品牌

这类品牌无具体意义，呈中性。例如，海尔（家电）、索尼（电器）等。

### （二）以品牌本身的来源渠道命名

#### 1. 以姓氏人名命名

以姓氏人名作为品牌名的多为传统型商品，例如，汽车、服装、啤酒、食品、医药等。在国外，以姓氏人名作为品牌名的做法非常盛行。例如，福特（Ford）、百威（Budweiser）、飞利浦（Philips）、爱立信（Ericsson）、卡迪拉克（Cadillac）等，莫不如此。

特斯拉汽车公司成立于2003年，特斯拉品牌得名于美国天才物理学家、电力工程师尼古拉·特斯拉的塞尔维亚姓。该公司制造纯电动车，总部设在美国加利福尼亚州的硅谷地带，特斯拉汽车集独特的造型、高效的加速、良好的操控性能与先进的技术于一身，从而使其成为公路上最快且最为节省燃料的汽车之一。

2.3 案例

2.4 讲解

以姓氏人名作为品牌名，也可以是虚拟的姓氏或人名，例如，神话故事或文学作品中的人物孔乙己、太阳神、八戒等。

以创始人的姓氏或人名命名的品牌，给人以历史悠久的感觉，但是，这类名称不具有显著的特征，且受到商标法的一定限制，因此，现在以姓氏人名来命名的品牌已经不多了。

### 2. 以地名命名

以地名来命名也是过去盛行的做法，例如，桂林、黄果树、青岛、上海、黄河、西双版纳以及世界文化遗产张家界等地。一般来说，以地名来命名的产品会受到地域的局限。在每个省及下属的各个地区，几乎都会拥有以地名命名的品牌，例如，白沙啤酒、天津啤酒等。像这些地方品牌，除了本地以外，其他地方很少有人消费，因为带有地方特色的品牌名称，首先就让其他地方的人在购买时产生心理障碍。

世界著名化妆品品牌"兰蔻"（Lancôme）之名便源于法国中部卢瓦卡河畔的兰可思幕城堡（LANCOSME），为发音之便，用一个典型的法国式长音符号代替了城堡名中的"S"字母。

借助闻名遐迩的名胜地、著名的产地、神话及小说中令人神往的地名往往可以使品牌借势成名。香格里拉（Shangri-La），原本只是美国作家詹姆斯·希尔顿创作的小说《失落的地平线》中一个虚构的地名，风景宜人，犹如世外桃源，后来被用作饭店的品牌名。

各国目前对于以地名作为品牌名的做法，都有不同程度的限制。根据《中华人民共和国商标法》的规定，县级以上行政区的地名或公众知晓的外国地名不得作为商标，但是具有其他含义的除外。

### 3. 以物名命名

以物名命名主要指以动植物名称命名的方式，例如，熊猫、猎豹、骆驼、小天鹅、赤兔马、芙蓉、荷花、苹果、牡丹等，以动植物命名可以将人们对动植物的喜好转嫁到品牌身上，例如，以勇猛的猎豹作为越野汽车的品牌，以美丽纯洁的小天鹅作为洗衣机的品牌等。

### 4. 以其他词汇命名

其他词汇指形容词、动词以及其他可以从词典中找到的词汇。奔驰用于汽车，正好表达其快捷迅猛的产品特性；联想用于电脑，恰当地表达了产品领先、高科技的特性。

本田汽车在1976年推出新一代轿车，命名为"Accord"，"Accord"中文命名通译为"雅阁"。品牌命名直接采用英文单词"accord"，"accord"意思为和谐、一致，与"agree"意思相近。从词源上看，"accord"来自拉丁语"ad"与"cor"的变形组合，本意为"to-heart"（接近内心的），与单词"concord"（和谐，和睦，协调）同源。

此外，还有一种名词，它不属于人名、地名和动植物名，它表示一种现象、一种自然景观或者一种称呼等，例如，彩虹（电器）、兄弟（打印机）。

### 5. 自创命名

有些品牌名是词典里没有的，是经过创造后为品牌量身定做的新词。这些新词一方面具备了独特性，使品牌容易识别，也比较容易注册；另一方面也具备了较强的转换性，可以包容更多的产品种类。自创命名体现了品牌命名的发展方向，是今后最常用的品牌命名方式。

今天，这类品牌最为常见。例如，全聚德，整个名字并无特别意义，但拆开看单个的字，都有很好的解释，周总理曾解释为"全而无缺、聚而不散、仁德至上"。著名的钟表品牌"Timex"（天美时），是"time"（时间）和"excellent"（卓越）两个词的拼缀。三位从德州仪器公司辞职的工程师，准备在个人计算机市场自行创业时，认为在个人电脑行业最重要的是保持产品的"兼容性"（compatibility）和"质量"（quality）。于是，他们将这两个词各取其头，创造出"Compaq"（康柏）这个品牌。

选用从字典里找不到的名字，被证明是有先见之明的。一是其他厂商绝对不会使用，二是全世界都不会有商标重复的问题。

### （三）以品牌的文字类型命名

#### 1. 以汉字命名

以汉字命名的品牌名即中文品牌，这类品牌不仅是国内企业最主要的命名方式，而且也是一些国际品牌进入中国后实施本地化策略的命名方式。例如，惠而浦（Whirlpool）、黛安芬（Triumph）、桑塔纳（Santana）、劳斯莱斯（Rolls-Royce）、奥林巴斯（Olympus）、欧宝（Opel）等。

#### 2. 以拼音命名

以拼音为品牌命名是国内企业的独特做法，例如，Haier（海尔）、CHANGHONG（长虹）等，拼音品牌一般与汉字品牌组合使用。

#### 3. 以数字命名

因为容易出现雷同，所以这类品牌比较少，我们常见的有 999（药业）等。

#### 4. 以外语命名

这是国外品牌的常见命名方式，例如，Intel、Kodak、Dell、Dove 等。国内品牌进入国际市场，通常也会选择一个外文名，例如，Mexin（美心）、Youngor（雅戈尔）、KELON（科龙）等。

## 三、品牌命名的程序

### （一）前期调查

企业在为品牌取名之前，应该先对目前的市场情况、未来国内市场及国际市场的发展趋势、企业的战略思路、产品的构成与功效以及人们使用后的感觉、竞争者的命名等情况进行摸底，并且以消费者的身份去使用这种产品，以便获得切身感受。

2.6 视频讲解

### （二）选择合适的命名策略

前期调查工作结束后，企业便要针对品牌的具体情况，选择适合自己的命名策略。一般情况下，功效性的命名适合于具体的产品名；情感性的命名适合于包括多个产品的品牌名；无意义的命名适合产品众多的家族式企业名。人名适合于传统行业，有历史感；地名适合于以产地闻名的品牌；动植物名给人以亲切感……当然，在未正式命名之前，也可以各种策略都进行尝试。

### （三）头脑风暴会议

在确定策略后，企业可以召开头脑风暴会议，广泛征求意见。在头脑风暴会议上，任何怪异的名称都不应该受到责难，都应该记下来。一次头脑风暴会议也许得不到一个满意的结果，但可以帮助企业寻找到一些关键的词根。这些词根是命名的大致方向。

### （四）名称发散

名称发散是指由一个字联想到 100 个词语；由一个词语，发展出无数个新的词语。在这个阶段，是名称大爆发的阶段。企业应该发动内部所有的人，甚至向社会征集，名称越多越好。

### （五）法律审查

法律审查是指由法律顾问对所有名称从法律的角度进行审查，去掉不合法的名称，对无法确定而又非常好的名称，应该先予以保留。

### （六）语言审查

语言审查是指由文字专家对所有名称进行审核，去除有语言障碍的名称。

### （七）内部筛选

内部筛选是指在公司内部对剩下的名称进行投票，筛选出其中较好的 10～20 个名称。

### （八）目标人群测试

目标人群测试是指将筛选出的名称对目标人群进行测试，根据测试结果，选择出比较受欢迎的 2～5 个名称。

### （九）确定名称

确定名称是指从最后的几个名称中选出一个作为最终的品牌名称。

2.7 案例

## 第二节 品牌标志设计

品牌标志是指品牌中可以被识别，但不能用语言表达的部分，也可以说它是品牌图形记号。例如，可口可乐的红颜色圆柱曲线、麦当劳的黄色"M"以及迪士尼公园的富有冒险精神、正直诚实、充满童真的米老鼠等。品牌标志自身能够创造品牌认知、品牌联想和引导消费者的品牌偏好，进而影响顾客的品牌忠诚度。

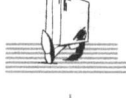

2.8　视频讲解

## 一、品牌标志设计的基本原则

品牌标志设计，一般应该遵循下面的原则。

### （一）简练明朗，易懂易传

品牌标志是一种视觉语言，要求产生瞬间效应，因此标志设计要简练、明朗、醒目，切忌图案复杂，过分含蓄。这就要求设计者在设计过程中要体现构思的巧妙，而且要注意清晰、醒目，适合各种使用场合，做到近看精致巧妙，远看清晰醒目，从各个角度、各个方向看上去都有较好的识别性。要设计出可视性高的视觉形象，要善于使用夸张、重复、抽象以及富有寓意的手法，使设计出来的品牌标志达到易于识别、便于记忆的功效。同时，还必须考虑到品牌标志在不同媒体上的传播效果，以便达到传播的方便性和一致性。

可口可乐可谓是这方面的典范。"Coca Cola"独特的印刷手写体能够强有力地引人注意，令人过目难忘，生动形象、亲和直观，它那动感的形态显得亲切和可爱。一个多世纪以来，可口可乐随着优美特别的斯宾赛体的草书名称和富有特色的商标图案，在铺天盖地的强大广告宣传攻势推动下，风靡全球，经久不衰（见图2-1）。

图2-1　可口可乐的品牌标志

### （二）新颖独特，富有个性

品牌标志是用来表达品牌的独特性格的，又是以此为独特标记的。要让消费者认清品牌的独特品质、风格和情感，品牌标志在设计上必须与众不同，新颖独特，别出心裁，展示出品牌独特的个性。品牌标志要特别注意避免与其他品牌的品牌标志雷同，更不能模仿他人的设计，要做到这一点，设计人员务必吃透品牌的相关内涵。

### （三）符合美学，融精气神

品牌标志不仅是一种视觉艺术，要符合人们的审美情趣和美学原理，还要融会品牌的精气神，传递品牌的价值观。人们在观看一个品牌标志的同时，也是一种审美的过程。在审美过程中，人们会把视觉所感受的图形，用社会所公认的相对客观的标准进行评价、分析和比较，引起美感冲动。品牌标志给人们带来的这种美感冲动，往往是通过标志的造型表现出来的。造型美是标志的重要艺术特色。品牌标志的造型要素有点、线、面、体四大类。设计者要在理解品牌愿景、使命和核心价值观的基础之上，借助于这四大要素，通过掌握不同造型的相关规则，使所构成的图案具有独立于各种具体事物结构的美，表达品牌的内涵，体现品牌的精气神。

例如，奔驰的那个由圆圈环绕的三叉星星图案构成的品牌标志，简单地看就是一辆汽车的方向盘，实质代表着驾驶员自由奔驰的宏大愿望。这一切都显得那么自然，没有半点儿勉强和晦涩。它不仅符合人们的审美情趣，还融会了奔驰汽车品牌的丰富内涵，成为一个伟大的向征，为汽车拥有者诠释出优秀的品位和卓越的地位，成为当今世上许多追求成功的人士所梦寐以求的标志。

### （四）与时俱进，传承历史

随着时代的变迁或品牌自身的发展，品牌标志所反映的内容和风格，有可能与时代的节拍和品牌的变革不相吻合，因此对品牌标志也应该进行革新，与时俱进。目前，世界上许多大品牌，为了吻合时代精神，领导潮流，毅然放弃陈旧过时的视觉符号，明确地向受众展示出品牌创新突破、追求卓越的精神，采取视觉表现力强的品牌标志，以便增强品牌竞争力。当然，与时俱进还需要传承历史，彰显民族风格。因为只有能够传承历史、彰显民族风格的东西才容易成为人们心灵的图腾，构建起牢固的情感纽带，具有永恒的价值。奔驰标志就是与时俱进、传承历史的最佳诠释，如图 2-2 所示。

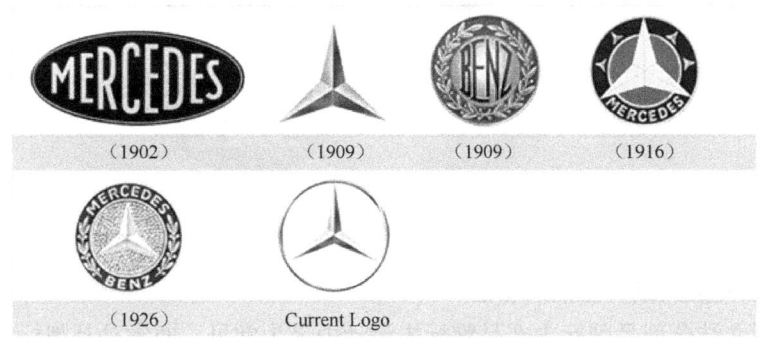

图 2-2　奔驰品牌标志的演进

## 二、品牌标志的分类

品牌标志体现了企业的内在气质，同时也是宣传推广时诉求大众认同的统一符号。品牌标志不仅具有代表性功能，也是信誉的象征。品牌标志设计是树立企业形象的有效手段。

2.9　视频讲解

### （一）文字性品牌标志

文字性品牌标志就是以纯文字或汉字的美术字、书法形式来设计品牌标志，或者以外文词组和缩写字头做品牌标志。设计时要考虑字的笔画和词组不要过繁、过长，要从字体设计、外形、色彩关系上进行构思，如图 2-3 所示。

图 2-3　文字性品牌标志

### （二）象征性图形品牌标志

采取象征性图形的处理手法，多半有暗喻、借喻、直接陈述、联想等用意。例如，首饰店的品牌标志设计如果采用心形，很像项链，就会有心心相印的亲切感和心上之物的珍贵感。国际保护珍稀动物组织的品牌标志是一只熊猫的形象。日本航空公司"红鹤"的品牌标志设计选择了日本的珍稀动物红鹤，以便体现日本的本土特点，红鹤的外形组成圆形与日本国旗上的太阳有密切的关系，而且用鸟类比喻飞行十分贴切（见图 2-4）。

图 2-4　象征性图形品牌标志

### （三）图文结合型品牌标志

图文结合型品牌标志在品牌标志设计中最为常见，通常是品牌标志中既含有品牌名称的艺术化处理的字体，又含有体现品牌内涵和品牌精神的图形设计（见图 2-5）。

图 2-5　图文结合型品牌标志

### 三、品牌标志设计的流程

在设计一个品牌标志之前，必须有一个清晰的思路，也就是必须厘清设计的流程。下面让我们来探讨一下品牌标志设计的流程。

2.10　视频讲解

#### （一）调研分析

标志不仅仅是一个图形或文字的组合，它是依据企业的构成结构、行业类别、经营理念，并充分考虑标志接触的对象和应用环境，为企业制定的标准视觉符号。在进行品牌标志设计之前，首先要对企业做全面深入的了解，包括经营战略、市场分析以及企业最高领导人员的基本意愿，这些都是品牌标志设计开发的重要依据。对竞争对手的了解也是重要的步骤，品牌标志的重要作用即识别性，就是建立在对竞争环境的充分掌握基础之上。

#### （二）要素挖掘

要素挖掘是为品牌标志设计开发做进一步的准备。依据对调查结果的分析，提炼出品牌标志设计的结构类型、色彩取向，列出品牌标志所要体现的精神和特点，挖掘相关的图形元素，找出品牌标志设计的方向，使设计工作有的放矢，而不是对文字图形的无目的组合。

#### （三）设计开发

有了对企业的全面了解和对设计要素的充分掌握，就可以从不同的角度和方向进行品牌标志设计开发工作了。通过对品牌标志的理解，设计师可以充分发挥想象，用不同的表现方式，将设计要素融入品牌标志设计中。品牌标志必须达到含义深刻、特征明显、造型大气、结构稳重、色彩搭配适合企业，避免流于俗套或大众化。不同的品牌标志所反映的侧重或表象会有区别。设计师在设计时应该进行充分的讨论分析或修改，以便设计出适合企业的品牌标志。

#### （四）标志修正

提案阶段确定的品牌标志，可能在细节上还不太完善。设计师可以通过对品牌标志的标准制图、大小修正、黑白应用、线条应用等不同表现形式的修正，使品牌标志更加规范，同时还要确保标志的特点、结构适合在不同环境下使用，达到统一、有序、规范的传播。

品牌标志最重要的是有利于宣传和传播，以鲜明易懂为基础。无论运用何种方式进行制作，前提都是要以简洁、大气、易于传播为主。设计时还必须充分考虑其实现的可行性，针对其应用形式、材料和制作条件采取相应的设计手段。同时，还要顾及其应用于其他视觉传播方式（如印刷、广告、映像等）或放大、缩小时的视觉效果。

2.11　测验

## 本章回顾

品牌名称和品牌标志是构成品牌的两个基本要素，好的品牌名称和品牌标志是一个企业拥有的精神财富，是品牌成功的基础。那么什么是好的品牌名称和品牌标志呢？本章阐述了品牌命名的原则、基本思路和程序，介绍了品牌标志设计的原则、品牌标志的分类以及品牌标志设计的流程。

## 问题思考与讨论

1. 你最喜欢的品牌是什么？它的品牌名称有什么含义？谈谈其品牌命名的思路是什么？

2. 你认识如图2-6所示的这个品牌标志吗？这个标志中有一个隐藏的象征，代表着速度和精度，试着把它找出来。

图2-6　品牌标志

3. 谈谈你所在学校或所在单位的品牌标志具有什么含义。

 **本章实践任务：为你的品牌命名并设计品牌标志**

创建你的品牌，阐述你的品牌将为哪个群体提供何种产品或服务。为你的品牌命名并阐明品牌命名的思路。为你的品牌设计一个品牌标志并阐明设计思路（见表2-1）。

提示和要求：建议3~5人一组，组建品牌团队，通过小组讨论共同完成实践任务，制作PPT并展示最终成果。

2.12　作业范例

表2-1　我的品牌

| 品牌名称（中文/英文） | |
| --- | --- |
| 品牌命名思路选择 | 以产品带给消费者的不同利益层面来命名<br>■ 功效性品牌<br>■ 情感性品牌<br>■ 中性品牌<br>以品牌本身的来源渠道命名<br>■ 以姓氏人名命名<br>■ 以地名命名<br>■ 以物名命名 |

续表

| | |
|---|---|
| 品牌命名思路选择 | ■ 以其他词汇命名<br>■ 自创命名 |
| 具体思路和内涵 | |
| 品牌标志类型选择 | ■ 文字性品牌标志<br>■ 象征性图形品牌标志<br>■ 图文结合型品牌标志 |
| 品牌标志设计草图 | |
| 具体思路和内涵 | |
| 品牌产品或服务 | |
| 目标消费群体 | |

## ✏️ 案例分析

### 苹果 Logo 的演变

每当重大产品问世，比如 2001 年的 iPod 和 2007 年的 iPhone，苹果的 Logo 都会发生相应的变化。2013 年推出的 iOS7 同样符合这个趋势。难能可贵的是，无论表面形态如何调整，苹果 logo 的基本轮廓始终如一。这个"被咬了一口的苹果"代表着简洁、优美、专注、创新……几乎没有人不认识它。

苹果的首款 logo 由罗恩·韦恩设计，他是苹果的创始人之一。罗恩·韦恩将苹果的 logo 设计为一块铭牌，上面的图案是孤独的牛顿在苹果树下读书

1976

图2-7 苹果logo（1976年）

冥思。铭牌的边缘刻着英国诗人威廉·沃兹沃斯的诗句，四周被丝带状的苹果企业标识环绕，如图2-7所示。

罗恩·韦恩设计的logo内涵丰富，但它的问题在于过于复杂，难以牢记。很难想象追求完美的乔布斯居然会容忍这样的logo在自己的产品上出现了一整年。

1977年，醒悟过来的乔布斯终于决定重新设计一款logo，他找到了同样位于加利福尼亚州的广告公司麦肯纳。麦肯纳创意总监罗勃·詹诺夫经验丰富，此前曾经为多家科技公司设计过产品。

工作开始了。罗勃·詹诺夫试着贡献了一个想法，不料被乔布斯一眼相中，让罗勃·詹诺夫就此绘制logo的具体形态。领命后的罗勃·詹诺夫很快就完成了设计，他绘制了一个苹果的图案。然而乔布斯并不满意。他希望苹果图案上能出现一个缺口，这样logo看起来更像是苹果而不会被误以为是樱桃。

罗勃·詹诺夫按照要求对logo进行了调整，一个"被咬了一口的苹果"出现了。后期优化时，罗勃·詹诺夫又去掉了logo表面的深色阴影，调整了外部曲线。最终，苹果logo的完整轮廓诞生了。这个基本轮廓被使用至今。

罗勃·詹诺夫设计的苹果logo还包含了彩虹背景，如图2-8所示。他表示添加彩虹背景的原因主要有三点，除了让产品富有人性化、看着更友好以外，它还能突出苹果Ⅱ代电脑能够展示彩色图片的特性，另外还可以吸引学生用户——这也是乔布斯的要求。

苹果的彩虹logo使用了21年，它出现在Macintosh、PowerBook、Newton等多款经典设备上。直到1998年iMac发布后，它才被替换为半透明的粉蓝色logo，如图2-9所示。

1977—1998

1998

图2-8 苹果logo（1977—1998年）　　图2-9 苹果logo（1998年）

然而这款粉蓝色的logo没有持续太久。同年，它被更换为纯黑的logo（见图2-10），后者使用3年后再度被苹果抛弃。2001年，苹果发布划时代的iPod MP3，logo也顺势变为立体感更强的高光版本，如图2-11所示。

1998—2000

2001—2007

图 2-10　苹果 logo（1998—2000 年）　　图 2-11　苹果 logo（2001—2007 年）

6 年后，苹果推出 iPhone，高光版 logo 像前辈一样遭到无情抛弃。苹果将 logo 上的主色改为镀铬效果，以此配合 iPhone 的金属背壳。除此之外，logo 上的高光效果也经过了细微调整，如图 2-12 所示。

2013 年，苹果设计风格发生重大变革。苹果高级副总裁乔尼·艾维大胆革新，将 iOS 系统中的高光、阴影、晕圈等立体元素悉数抛弃，系统界面彻底扁平。作为设计风格的调整之一，苹果 logo 也发生了变化，立体元素被去除，呈现出简洁纯白的扁平效果（见图 2-13）。

2008—2013

2013

图 2-12　苹果 logo（2008—2013 年）　　图 2-13　苹果 logo（2013 年）

**讨论**

（1）结合案例谈谈品牌标志设计的原则。

（2）你认为企业在什么情况下要考虑更换或修改品牌标志？

# 第三章

# 为品牌注册商标

知识产权和香蕉一样，是有保存期限的。

——比尔·盖茨

 **本章提要**

商标和品牌是两个内涵不完全重叠的概念，两者既有区别，又有联系。品牌是一个市场概念，而商标受法律的保护，是一个法律概念。企业只有及时注册商标，才能保护品牌健康发展。

通过本章的学习你将了解和掌握以下内容：

● 商标的概念和特征

● 如何注册商标和应对商标侵权

● 品牌和商标的区别

### 导入案例

3.1 视频讲解
（动画）

我国是一个有着悠久历史的国家，很早就出现商品交换。与商品交换相联系的商品标记在距今 2 000 年以前就已经存在。其中，北宋（960—1127年）山东济南刘家针铺"白兔"细针商标，是我国至今发现使用较早、图形较为完整的一个早期商标，距今已经有 1 000 年左右。北宋随着私营工商业的发展，竞争日趋激烈，不少店铺为了推销自家产品，除了装潢店面之外，还印制了带有店铺标记的广告，如图 3-1 所示。这块广告铜板就是用来印刷广告的。铜板四寸见方，上面雕刻有"济南刘家功夫针铺"的字样，中间是白兔抱铁杵捣药的图案，在图案的左右各有四字："认门前白兔儿为记"。在铜板的下半部刻有说明商品质地和销售办法的文字："收买上等钢条，造功夫细针，不误宅院使用；转卖兴贩，别有加饶。请记白"。当时商品经营以自产自销为主，这种店铺标记已经成为此种经营方式下商品的特定标志，所以这件"济南刘家功夫针铺"铜板是已知世界上最早出现的商标广告实物。这块加附商标图形的告白（广告）印版，现保存在中国历史博物馆，它是我国商标与广告的历史珍贵文物。

商标图形蕴含着一段美丽而吉祥的传说。刘家针铺细针商标所使用的白兔，不能简单解释为一般兔子，而是指嫦娥的化身，取材于"嫦娥奔月"这个传奇故事。嫦娥是古代仙人，天帝帝俊的属臣神箭手羿的妻子，羿夫妇被帝俊派往人间帮助尧。相传东海谷里住着10个太阳，他们都是天帝的儿子，天帝命其每天轮流出现一个，在天空为人类照亮世界。一天，10个太阳结伴一起跑上天空，再也不肯回去。由于十日并出，大地草木焦枯，河水干涸，人们疾苦不堪。羿受命劝说太阳回去，但谁也不理睬羿，依然停留在天空。羿在忍无可忍之下，一个一个地射杀了帝俊10个太阳儿子中的9个。大地恢复了生机，禾苗生长，草木复苏，河水也爽快地流淌起来，人们得以安居乐业，人间十分感谢羿的恩德，羿也受到人们的尊敬。嫦娥在羿射日时，忍痛割爱，剪下自己秀丽坚韧的长发，制成弦绷在羿弓上，使羿射日成功，为此也受到人们的爱戴，但也因此受到牵连，和羿一并被罚为凡人。羿为了谋求长生不老，长期留在人间，于是向西王母讨得两份长生不老药，美丽的嫦娥是个好奇的女子，在羿熟睡的夜间，悄悄地尝试了一份长生之药，但感觉不到有什么反应，于是将另一份也吃掉，身体突然轻飘飘，奔向月宫。她十分后悔，到了月宫之后，被罚变成一只丑蟾蜍，命其不停地捣着长生不老之药。人们对嫦娥有浓厚情感，十分怀念她助羿抗旱的献身精神，同时也不忍见到嫦娥在月宫的那副丑相。到了晋代，傅玄在他的《拟天问》中，将白兔送入月宫，去代替蟾蜍捣药，改变了嫦娥在月宫中的形象。这就有了"白兔捣药"这个美丽的形象与传说。

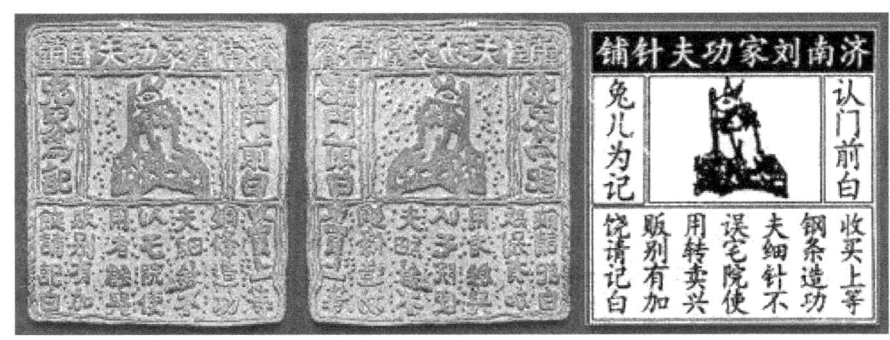

图 3-1　刘家针铺的商标

刘家针铺细针借嫦娥化身的白兔作为商标，蕴意深刻，情趣盎然，自然会博得广大群众的喜爱，有利于带动营销。这幅图画无论在产品商标选择上，还是广告用语上，都具有一定的水平，至今仍然不失为一个好典范。品牌名称就是功夫针铺，类似于现在的企业名称，产品是功夫针，并设计了白兔捣药图作为品牌的标志，形成了品牌传播的抽象化。使用了纸张印刷作为大众媒体，超越了市声与悬物的即时即发型古代广告现象的特点。因为其基本具备了品牌的特征，所以被世人视为历史上最古老的品牌。

# 第一节  商标的概念和特征

很多人认为商标就是品牌，品牌就是商标，甚至很多的企业经营者也是这样认为的，其实商标和品牌是两个内涵不完全重叠的概念。同时，品牌与商标又是极易混淆的一对概念。要弄清楚这两个概念的区别，就要从商标谈起，我们先要了解什么是商标。

3.2  视频讲解

## 一、商标的概念

商标是将某商品或服务标明是某具体个人或企业所生产或提供的商品或服务的显著标志。在现代社会，消费者对商品的需求已经不仅仅注重质量、外观等，而且讲究品位、魅力和时尚。商标凝聚着文化、品位、时尚，代表着一定的身份和地位。因此，在科技日益发达、知识和信息不断膨胀、生活水平不断提高的今天，商标本身蕴藏着巨大的无形资产，是企业不可或缺的宝贵财富。

商标的起源可以追溯到古代，当时工匠们将其签字或"标记"印制在其艺术品或实用产品上。随着岁月流逝，这些标记演变成为今天的商标注册和保护制度。这个制度帮助消费者识别和购买某产品或服务，由产品或服务上特有的商标所标示的该产品或服务的性质和质量来判断是否符合自身的需求。

商标注册人享有商标专用权，以商标标明其商品或服务，同时享有许可他人使用以获取报酬的专用权。商标经注册后受法律保护，保护期限长短不一，但期满之后，只要另外缴付费用，即可对商标予以续展，次数不限。根据《中华人民共和国商标法》第三十九条的规定，注册商标的有效期为十年，自核准注册之日起计算。第四十条，注册商标有效期满，需要继续使用的，商标注册人应当在期满前十二个月内按照规定办理续展手续；在此期间未能办理的，可以给予六个月的宽展期。每次续展注册的有效期为十年，自该商标上一届有效期满次日起计算。期满未办理续展手续的，注销其注册商标。

3.3  拓展阅读

商标保护是由法院来实施的，在大多数制度中，法院有权制止商标侵权行为。从广义上讲，商标通过对商标注册人加以奖励，使其获得承认并获得相应的经济效益，从而促进了企业经营者的积极进取精神。商标保护还可以阻止诸如假冒者之类的不正当竞争者用相似的区别性标记来推销低劣或不同产品或服务的行为。这个制度能使有技能、有进取心的人们在尽可能公平的条件下进行商品和服务的生产与销售，从长远来看，有利于经济的发展。

商标既可以是文字、字母和数字，也可以是它们的组合，商标还可以是图形、符号、立体标志（如商品外形和包装）、听觉标志（如音乐或声音）、香味儿或用作区别特征的颜色等。

经过商标局核准注册的商标为注册商标，包括商品商标、服务商标、集体商标和证明商标。

集体商标是指以团体、协会或者其他组织名义注册，供该组织成员在商事活动中使用，以便表明使用者在该组织中的成员资格的标志。

证明商标是指由对某种商品或者服务具有监督能力的组织所控制，而由该组织以外的单位或者个人使用于其商品或者服务，用以证明该商品或者服务的原产地、原料、制造方法、质量或者其他特定品质的标志。

下列标志，如果未经使用而取得显著特征并便于识别的，不得作为商标注册。

（1）仅有本商品的通用名称、图形、型号的。

（2）仅仅直接表示商品的质量、主要原料、功能、用途、重量、数量及其他特点的。

（3）缺乏显著特征的。

同时，我国商标法规定，下列标志不得作为商标使用。

（1）与中华人民共和国的国家名称、国旗、国徽、国歌、军旗、军徽、军歌、勋章等相同或者近似的，以及与中央国家机关的名称、标志、所在地特定地点的名称或者标志性建筑物的名称、图形相同的。

（2）与外国的国家名称、国旗、国徽、军旗等相同或者近似的，但经过该国政府同意的除外。

（3）与政府间国际组织的名称、旗帜、徽记等相同或者近似的，但经过该组织同意或者不易误导公众的除外。

（4）与表明实施控制、予以保证的官方标志、检验印记相同或者近似的，但经过授权的除外。

（5）与"红十字""红新月"的名称、标志相同或者近似的。

（6）带有民族歧视性的。

（7）带有欺骗性，容易使公众对商品的质量等特点或者产地产生误认的。

（8）有害于社会主义道德风尚或者有其他不良影响的。

县级以上行政区划的地名或者公众知晓的外国地名，不得作为商标。但是，地名具有其他含义或者作为集体商标、证明商标组成部分的除外。已经注册的使用地名的商标继续有效。

国际市场上著名的品牌，往往是在许多国家都进行了商标注册。在各个国家注册商标时，除了各国商标法规定的标志不能注册为商标以外，在商标设计上，企业还要注意各国在商标注册中的忌讳，不要把在该国家禁忌的东西作为商标，以免商品在国际市场上销售遇到麻烦。这些禁忌往往不会直接写入商标法，但由于各地的文化信仰差异导致特定区域或特定文化背景的消费者对某些文字或图案非常反感和抵触。例如，中国人非常喜欢菊花，从古至今不少文人墨客常爱以菊花为题，吟诗作对。但意大利人把菊花作为葬礼专用的花，他们把菊花与死亡联系在一起，因此在意大利忌用菊花作为商标图形。在日本，由于皇家顶饰上的图案是菊花，它的地位被提高了，皇家用

3.4 拓展阅读

的十六瓣菊花在商业上不宜采用。拉丁美洲国家则把菊花视为妖花，所以在拉丁美洲国家最好也不要在商标上使用菊花的图案。

## 二、商标的主要特征

（1）商标是具有显著性的标志。既区别于具有叙述性、公知公用性质的标志，又区别于他人商品或服务的标志，从而便于消费者识别。

（2）商标具有独占性。使用商标的目的是为了区别于他人的商品来源或服务项目，便于消费者识别。所以，注册商标所有人对其商标具有专用权、独占权，未经注册商标所有人许可，他人不得擅自使用。否则，即构成侵犯注册商标所有人的商标权，违反我国商标法。

（3）商标具有价值。商标代表着商标所有人生产或经营的质量信誉和企业信誉、形象，商标所有人通过商标的创意、设计、申请注册、广告宣传及使用，使商标有了价值，也增加了商品的附加值。商标的价值可以通过评估确定。商标既可以有偿转让，也可以经过商标所有权人同意，许可他人使用。

（4）商标具有竞争性，是参与市场竞争的工具。生产经营者的竞争就是商品或服务质量与信誉的竞争，其表现形式就是商标知名度的竞争。商标知名度越高，其商品或服务的竞争力就越强。

理想的商标应该具备识别性、传达性、审美性、适应性和时代性五种特性。

（1）识别性。识别性是商标最基本的功能，商标的特殊性质和作用决定了商标必须具备独特的个性，不允许雷同混淆。

（2）传达性。个性特色越鲜明，视觉表现感染力就越强，刺激的程度就越深。现代商标不仅仅是起到了商品的区别标记作用，还要通过商标表达一定的含义，传达明确的信息，包括企业的经营理念、产品性能和用途等。

（3）审美性。商标应该简洁、易读、易记，应该具有简练清晰的视觉效果和感染力。

（4）适应性。商标的表现形式还必须适应不同材质、不同技术、不同条件的挑战，无论黑白、彩色或放大、缩小如何变化，都要遵守系统化和标准化的规定。

（5）时代性。商标必须适应时代的发展，在适当的时候进行合理地调整，以避免被时代所淘汰。

3.5 视频讲解

# 第二节　如何注册商标

## 一、商标注册

自然人、法人或者其他组织对其生产、制造、加工、拣选或经销的商品或者提供的服务需要取得商标专用权的，应当依法向国家工商行政管理总局商标局提出商标注册申请。申请书中必须附有申请注册标志的清晰图样，包括颜色、形状或立体特征。申请书还必须列出标志将用于的商品或服务。要想受到商标保护，标志必须满足某些条件。

标志必须具有显著性，让消费者能够加以区别，知道其用于表明某个具体产品，并能将其与表明其他产品的其他商标区别开。商标既不能误导或欺骗顾客，也不能违反公共秩序或道德。要求得到的权利不能与已经授予另一个商标所有人的权利相同或近似。要确定这一点，既可以由国家主管机关进行检索和审查，也可以由主张近似或相同权利的第三方提出异议。

3.6　视频讲解

国际上对商标权的认定，有两个并行的原则，即"注册在先"和"使用在先"。

"注册在先"原则的内容是：相同或近似的商标由不同人提交申请，商标局将依法授权给最先提交注册申请的人。因此，申请商标注册越早，对商标的保护就越有利。一般应该在各个国家、地区取得当地的商标注册。而且要尽可能早地向多个国家、地区申请注册商标。

"使用在先"原则的内容是：相同或近似的商标由不同人提交申请，商标局将依法授权给最先使用该商标的申请人。因此，使用该商标越早，对商标的成功注册就越有利。

依据什么条件进行商标注册，由每个国家自己的法律做出规定。例如，美国规定商标注册是依据"使用在先"的原则，而中国则是依据"注册在先"的原则，这都是由本国法律决定的。

## 二、商标侵权

在同一种商品或类似商品上使用与某商标雷同或近似的品牌，可能引起欺骗、混淆或讹误，损害原商标声誉的行为被认定为商标侵权。

3.7　视频讲解

### （一）如何处罚侵犯商标权行为

侵犯商标权的民事责任：侵权人承担民事责任的方式有停止侵权行为、赔偿损失。停止侵权行为可以作为起诉前临时措施申请法院做出裁决。《中华人民共和国商标法》规定："商标注册人或者利害关系人有证据证明他人正在实施或者即将实施侵犯其注册商标专用权的行为，如不及时制止，将会使其合法权益受到难以弥补的损害的，可以在起诉前向人民法院申请采取责令停止有关行为和财产保全的措施。"

3.8　视频讲解

侵犯商标权的行政责任：工商行政管理部门认定侵权行为成立的，可以责令立即停止侵权行为，没收、销毁侵权商品和专门用于制造侵权商品、伪造注册商标标识的工具，并可处以罚款。

### （二）商标侵权如何取证

被侵权人既可以自己取证，也可以委托专业律师取证。证据主要包括以下几种。

（1）被侵权人的在先权利证明文件（包括商标注册证、专利证明、版权登记证明、与案件有关的获奖情况证明等）。

（2）被侵权人的产品样本。

（3）侵权产品样本。

（4）购买侵权产品的证明。这里主要是指购买发票，并且在发票上一定要注明侵权产品名称、购买侵权产品的地点、侵权产品的价格、销售人的名称等事项。

### （三）商标侵权如何起诉

（1）起诉。被侵权人可以向有管辖权的法院立案庭递交诉状。商标民事纠纷的第一审案件，由中级以上人民法院管辖。各高级人民法院根据本辖区的实际情况，经过最高人民法院批准，可以在较大城市确定一两个基层人民法院受理第一审商标民事纠纷案件。因为侵犯注册商标专用权行为以及侵犯驰名商标特殊保护权利提起的民事诉讼，由侵权行为的实施地、侵权商品的储藏地，或者查封扣押地、被告住所地人民法院管辖。

（2）立案。法院经过立案审查认为符合立案条件的，通知当事人在7日内交诉讼费，交费后予以立案。

（3）受理。受理后法院在5日内将起诉状副本送达对方当事人，对方当事人在15日内进行答辩。

（4）证据交换。

（5）开庭审理。

（6）做出裁决。审理后，合议庭合议做出裁决，不服裁定的，自裁判文书送达之日起10日内向上级人民法院提出上诉。不服判决的，自裁判文书送达之日起15日内向上级人民法院提出上诉。

## 三、品牌和商标

3.9　视频讲解

很多人认为产品进行商标注册后就成了品牌，品牌和商标是一回事。事实上，两者既有联系，又有区别。

### （一）品牌与商标两者概念不同

品牌是一个市场概念，而商标是一个法律概念。我国商标法对商标的定义是"商标是指商品生产者或经营者为了使自己的商品在市场上与其他商品生产者或经营者的商品相区别，而使用于商品或其包装上的，由文字、图案或文字和图案的组合所构成的一种标记"。从定义上看，它与品牌似乎没有什么区别，其实不然，商标最大的特点是具有独占性，这种独占性是通过法律来做保证的。而品牌是一种名称、术语、标记、符号或图案，或者是它们的相互组合，用来识别和区分其他组织及其产品或服务，并通过其产品或服务所提供的一切利益关系、情感关系和社会关系形成顾客综合体验的总和。品牌最大的特点是它的差异化的个性，这种个性是通过市场来验证的。

### （二）品牌与商标的构件不同

一般而言品牌的构件比商标的构件丰富，商标的构件仅仅是静态的，例如，图案和文字或者是两者的组合体。而品牌的构件则是由静态和动态两个部分组成的，静态部分包括名称、图案、色彩、文字、个性、文化及象征物等；动态部分包括品牌的传播、促销、维护、管理、销售、公关活动等。品牌是一个复合概念，所以它的构件要比商标丰富。

### （三）品牌与商标使用区域范围不同

商标有国界，品牌无国界。世界每个国家都有自己的商标法律，在一个国家注册的商标仅在该国范围内使用，受该国法律的保护，超过国界就失去了该国保护的权利，也就是说该商标不再具有排他性。而品牌则与商标不同，例如，"虎"及其图案是品牌，在其他国家也是品牌，你可以使用，他也可以使用，只不过是所有者不同而已。

### （四）品牌和商标使用的时效不同

品牌实效取决于市场，而商标的实效则取决于法律。世界各国对商标的使用都有一定的年限，例如，一些国家规定商标的使用年限为 20 年，我国商标法规定为 10 年，如果到期限还可以续注，事实上商标具有永久性权利。而品牌则不同，即使法律允许，但市场不一定接受，品牌生命力的长短取决于市场和经营者的能力。

### （五）商标要注册审批，品牌只需要使用者自己决定

注册商标必须经过法定程序才能取得，在注册成功之前称为商标，宣称有独占性权利是不当的。一个标志、一个名称或两者组合能否成为商标不取决于企业，而是取决于法律所属的权力机构——商标局评审机构。而品牌则不同，公司为品牌取一个名字，设计一个标志，在不触犯法律的情况下，用不用、怎么用都不需要谁来审批。当然一旦选定一个品牌，还是尽量去注册，以防止品牌做大之后别人抢注成商标，不是注册商标是不受法律保护的。

另外，两者延伸形式不同。品牌发展到一定程度可以从某个种类延伸到另外某个种类。品牌的延伸没有改变品牌，因为品牌的名称、标志和图案等没有改变。按照我国商标法规定，当品牌延伸到一个新种类时，就必须作为一种新商标重新办理商标登记注册。因此商标延伸必须进行申请注册，并标明用于什么产品种类。

## 四、驰名商标和知名品牌

品牌如果不做强做大，就仅仅是一个商标或标志，增值效果不明显，只有努力做成知名品牌，其附加值才能不断地增加。知名品牌、驰名商标与企业具有直接的利益关系。获得知名品牌、驰名商标认定，说明品牌得到了消费者的认可。知名品牌在科技含量、价格及服务等多方面优于其他品牌，会给企业带来效益，与企业效益直接挂钩。

3.10　拓展阅读

在生活中，人们往往用知名品牌来形容驰名商标，认为知名品牌就是驰名商标的代名词，其实两者还是有区别的。

"驰名商标"最早出现在 1883 年签订的《保护工业产权巴黎公约》。我国于 1985 年加入该公约，和其他成员国一样，依据该公约的规定对驰名商标给予特殊的法律保护，这已经成为我国商标法制工作中的一个重要组成部分。

中国驰名商标是指经过有关机关（国家工商总局商标局、商标评审委员会或人民法院）依照法律程序认定为"驰名商标"的商标。中国首批驰名商标诞生于 1991 年 9 月。在我国，驰名商标的认定是由国家商标局负责。2001年 7 月，最高人民法院出台相关文件，司法认定成为驰名商标认定的另一个途径。凡在市场上有较高知名度和市场占有率的商标都可以申请认定驰名商标。根据我国《驰名商标认定和管理暂行规定》的规定，企业在申请认定驰名商标时，应该提交有关"驰名"的证明文件。

图 3-2　中国驰名商标

根据国家工商总局颁布的《驰名商标认定和保护规定》，其含义可以概括为：驰名商标是指在中国为相关公众广为知晓并享有较高声誉的商标（见图 3-2）。

对于什么是"相关公众"，《驰名商标认定和保护规定》是这样规定的：相关公众包括与使用商标所标示的某类商品或者服务有关的消费者，生产前述商品或者提供服务的其他经营者以及经销渠道中所涉及的销售者和相关人员等。

驰名商标既具有一般商标的区别作用，又有很强的竞争力，知名度高，影响范围广，已经被消费者、经营者所熟知和信赖，具有相关的商业价值。这些特点使之常成为侵权的对象。

驰名商标和知名品牌是不同领域的两个不同概念。具体地讲，驰名商标通常是指市场上享有较高声誉的商标，是一个法律的概念，它的产生经过严格的法律程序，是由司法机关或行政管理部门依法认定的，其目的在于解决商标权利冲突，保护驰名商标所有人的合法权益。近几年，随着国际间知识产权保护合作的进展，各国驰名商标的认定，也被其他国家的商标主管机关和司法机关认可，使驰名商标在解决国际间商标权利纠纷的过程中起到了重要的作用。

而知名品牌则是一般公众对那些在市场上具有较高声誉的商标的俗称，它是经过民间团体或有关行业管理部门的评定产生的，它的目的是授予企业的一种荣誉，而不具备任何的法律地位，也不被其他国家的商标主管机关和司法机关认可。

根据《中华人民共和国商标法》和相关法规的规定，驰名商标除了依法享有商标注册所产生的商标专用权以外，还有权禁止其他人在一定范围的非类似商品上注册或使用。在驰名商标具有较强显著性和较高知名度的情况下，还有权禁止其他人将其作为企业名称的一部分使用。

## 本章回顾

商标是指商品生产者或经营者为了使自己的商品在市场上与其他商品生产者或经营者的商品相区别，而使用于商品或其包装上的，由文字、图案或文字和图案的组合所构成的一种标记。商标经过注册后受法律保护，商标注册人享有商标专用权。本章首先阐述了商标的概念和特征，然后介绍了如何注册商标以及商标被侵权该如何处理，最后对商标和品牌、驰名商标和知名品牌这两对概念的区别和联系进行了分析。

3.11　测验

## 问题思考与讨论

1. 各个国家和地区存在文化差异，因此企业在注册商标时，要规避一些特定地区和文化下禁忌的图形及符号。例如，国际上都把三角形作为警告性标记，因此三角形不能作为商标使用。你还知道哪些图案最好不要注册为商标？为什么？

2. 假设你的品牌发展势头良好，市场占有率不断攀升，品牌知名度也不断提高，这时，你发现市场上出现了商标侵权行为，请问你要如何应对？

3. 互联网域名是否具有商标属性？域名的注册依据什么原则？

## 本章实践任务：为品牌注册商标

上一章的实践任务中，各组为自己的品牌起了名字，也设计了品牌标志，为了保证品牌的权益能够受到法律的保护，请你为品牌申请商标注册，写一份商标注册申请书。

提示和要求：小组成员共同合作完成实践任务。按照商标注册申请书的要求填写。可以在国家知识产权局商标局中国商标网查找相关的文件。

3.12　作业范例

商标注册申请书

申请人名称（中文）：

　　　　　　（英文）：

申请人国籍/地区：

申请人地址（中文）：

　　　　　　（英文）：

邮政编码：

联系人：

电话：

代理机构名称:

外国申请人的国内接收人:

国内接收人地址:

邮政编码:

商标申请声明: □集体商标 □证明商标

□以三维标志申请商标注册

□以颜色组合申请商标注册

□以声音标志申请商标注册

□两个以上申请人共同申请注册同一商标

要求优先权声明: □基于第一次申请的优先权

□基于展会的优先权

□优先权证明文件后补

申请/展出国家/地区:

申请/展出日期:

申请号:

申请人章戳(签字) 代理机构章戳:

代理人签字:

注:请按说明填写。

下框为商标图样粘贴处。图样应该不大于 10 cm×10 cm,不小于 5 cm×5 cm。以颜色组合或者着色图样申请商标注册的,应该提交着色图样并提交黑白稿 1 份。不指定颜色的,应该提交黑白图样。以三维标志申请商标注册的,应该提交能够确定三维形状的图样,提交的商标图样应该至少包含三面视图。以声音标志申请商标注册的,应该以五线谱或者简谱对申请用作商标的声音加以描述并附加文字说明。无法以五线谱或者简谱描述的,应该使用文字进行描述。商标描述与声音样本应该一致。

商标说明:


    类别:
商品/服务项目:


    类别:
商品/服务项目:


### 商标注册申请书（附页）
其他共同申请人名称列表:

## 填写说明

（1）办理商标注册申请，适用本书格式。申请书应该打印或者印刷。申请人应该按照规定并使用国家公布的中文简化汉字填写，不得修改格式。

（2）"申请人名称"栏：申请人应该填写身份证明文件上的名称。申请人是自然人的，应该在姓名后注明证明文件号码。外国申请人应该同时在英文栏内填写英文名称。共同申请的，应该将指定的代表人填写在"申请人名称"栏，其他共同申请人名称应该填写在"商标注册申请书附页——其他共同申请人名称列表"栏。没有指定代表人的，以申请书中顺序排列的第一人为代表人。

（3）"申请人国籍/地区"栏：申请人应该如实填写，国内申请人不填写此栏。

（4）"申请人地址"栏：申请人应该按照身份证明文件中的地址填写。身份证明文件中的地址未冠有省、市、县等行政区划的，申请人应该增加相应的行政区划名称。申请人为自然人的，可以填写通信地址。符合自行办理商标申请事宜条件的外国申请人地址应该冠以省、市、县等行政区划详细填写。不符合自行办理商标申请事宜条件的外国申请人应该同时详细填写中英文地址。

（5）"邮政编码""联系人""电话"栏：此栏供国内申请人和符合自行办理商标申请事宜条件的外国申请人填写其在中国的联系方式。

（6）"代理机构名称"栏：申请人委托已经备案的商标代理机构代为办理商标申请事宜的，此栏填写商标代理机构名称。申请人自行办理商标申请事宜的，不填写此栏。

（7）"外国申请人的国内接收人""国内接收人地址""邮政编码"栏：外国申请人应该在申请书中指定国内接收人负责接收国家知识产权局后续商标业务的法律文件。国内接收人地址应该冠以省、市、县等行政区划详细填写。

（8）"商标申请声明"栏：申请注册集体商标、证明商标的，以三维标志、颜色组合、声音标志申请商标注册的，两个以上申请人共同申请注册同一商标的，应该在本栏声明。申请人应该按照申请内容进行选择，并附送相关的文件。

（9）"要求优先权声明"栏：申请人依据《中华人民共和国商标法》第二十五条要求优先权的，选择"基于第一次申请的优先权"，并填写"申请/展出国家/地区""申请/展出日期""申请号"栏。申请人依据《中华人民共和国商标法》第二十六条要求优先权的，选择"基于展会的优先权"，并填写"申请/展出国家/地区""申请/展出日期"栏。申请人应该同时提交优先权证明文件（包括原件和中文译文）。优先权证明文件不能同时提交的，应该选择"优先权证明文件后补"，并自申请日起三个月内提交。未提出书面声明或者逾期未提交优先权证明文件的，视为未要求优先权。

（10）"申请人章戳"栏：申请人为法人或其他组织的，应该加盖公章。申请人为自然人的，应该由本人签字。所盖章戳或者签字应该完整、清晰。

（11）"代理机构章戳"栏：代为办理申请事宜的商标代理机构应该在此栏加盖公章，并由代理人签字。

（12）"商标图样"栏：商标图样应该粘贴在图样框内。

（13）"商标说明"栏：申请人应该根据实际情况填写。以三维标志、声音标志申请商标注册的，应该说明商标使用方式。以颜色组合申请商标注册的，应该提交文字说明，注明色标，并说明商标使用方式。商标为外文或者包含外文的，应该说明其含义。自然人将自己的肖像作为商标图样进行注册申请应该予以说明。申请人将他人肖像作为商标图样进行注册申请应该予以说明，附送肖像人的授权书。

（14）"类别""商品/服务项目"栏：申请人应该按照《类似商品和服务区分表》填写类别、商品/服务项目名称。商品/服务项目应该按照类别对应填写，每个类别的项目前应该分别标明顺序号。类别和商品/服务项目填写不下的，可以按照本申请书的格式填写在附页上。全部类别和项目填写完毕后应该注明"截止"字样。

（15）"商标注册申请书附页——其他共同申请人名称列表"栏：此栏填写其他共同申请人名称，外国申请人应该同时填写中文名称和英文名称，并在空白处按顺序加盖申请人章戳或由申请人本人签字。

（16）收费标准：一个类别受理商标注册费 300 元人民币（限定本类 10 个商品/服务项目，本类中每超过 1 个另加收 30 元人民币）。受理集体商标注册费 1 500 元人民币。受理证明商标注册费 1 500 元人民币。

（17）申请事宜请详细阅读"商标申请指南"。

## ✎ 案例分析

### 《中国好声音》更名《中国新歌声》

2016 年 7 月 6 日，浙江卫视对外发布《关于〈2016 中国好声音〉节目将暂时更名为〈中国新歌声〉的声明》称，为了维护司法权威性，浙江卫视《2016 中国好声音》节目将暂时更名为《中国新歌声》（见图 3-3），并于 2016 年 7 月 15 日如期播出。

图 3-3 中国好声音与中国新歌声

伴随该声明的发布，意味着围绕"中国好声音"节目名称归属引发的北京、香港两地三个案件终于有了阶段性进展，暂时以《中国好声音》更名为《中国新歌声》画上了逗号。但《中国好声音》节目名称的最终归属还暂难擅断。

火爆荧屏的浙江卫视《中国好声音》并非一档国内原创综艺节目，而是一档引进节目。

该节目最早是由荷兰 Talpa 公司原创的一档名为"The Voice of⋯"选秀节目，因为节目形式创新、剪辑独特，不仅在荷兰很火爆，还出口到很多国家实现落地，进而有了类似 The Voice of America、中国好声音（The Voice of China）等世界各地的落地节目。其中，荷兰 Talpa 公司在中国的最早许可合作方是上海灿星文化传媒股份有限公司。

2016 年 1 月 28 日，荷兰 Talpa 公司与浙江唐德影视股份有限公司签署合作协议，独家授权后者在五年期限内在中国区域（含港澳台地区）内独家开发、制作、宣传和播出第 5～8 季《中国好声音》节目，并行使与《中国好声音》节目相关知识产权的独占使用许可。

这意味着上海灿星文化传媒股份有限公司已经丧失了新一季《中国好声音》节目制作权，而这也是此前《2016 中国好声音》节目形式"大变样"的关键所在。

不过值得注意的是，虽然上海灿星文化传媒股份有限公司已经丧失了制作"The Voice of⋯"选秀节目中国版本的权利，但是，基于前四季的合作及影响力，上海灿星文化传媒股份有限公司及其关联公司一直在以新一季《中国好声音》或《好声音》之名进行选手招募及栏目招商等活动。

为此，Talpa 公司在 2016 年 3 月将上海灿星文化传媒股份有限公司的关联公司梦想强音文化传播（上海）有限公司、北京正议天下文化传媒有限责任公司诉至北京市朝阳区法院，就后两者未经允许使用其商标开展的第五季《中国好声音》全国海选活动提起商标侵权诉讼并索赔 300 万元。

此外，围绕《中国好声音》栏目名称归属，荷兰 Talpa 公司于 2016 年 5 月 6 日向香港国际仲裁中心仲裁庭提交《宣告式救济和禁制救济申请书》，希望通过仲裁确认《中国好声音》中英文及拼音名称的归属。随后仲裁庭 6 月 22 日做出裁决：驳回 Talpa 公司对其拥有《中国好声音》中文节目名称的宣告要求，驳回 Talpa 公司对临时禁止使用《中国好声音》中文节目名称（以及制作新节目）的救济请求。

与此同时，获得全新节目制作授权的浙江唐德影视股份有限公司也在马不停蹄加速维权，于 6 月 7 日向北京知识产权法院申请诉前保全(诉前禁令)，请求法院责令被申请人上海灿星文化传媒股份有限公司和世纪丽亮（北京）国际文化传媒有限公司立即停止在歌唱比赛选秀节目的宣传、推广、海选、广告招商、节目制作或播出时使用包含"中国好声音""the Voice of China"的节目名称，以及使用浙江唐德影视股份有限公司的第 G1098388 号和第

G1089326 号注册商标和涉案节目标识一、二。

浙江唐德影视股份有限公司提交的诉前保全申请于 6 月 20 日获得北京知识产权法院裁定支持，并为此向法院缴纳了 1.3 亿元保证金。

上海灿星文化传媒股份有限公司就上述裁定提起的复议请求被法院驳回，至此，按照法院生效裁定，上海灿星文化传媒股份有限公司不得在歌唱比赛选秀节目的宣传、推广、海选、广告招商、节目制作或播出时使用包含"中国好声音""the Voice of China"的节目名称。

而这也正是浙江卫视将《2016 中国好声音》更名为《中国新歌声》的关键所在。

根据《中华人民共和国反不正当竞争法》的规定，擅自使用知名商品特有的名称、包装、装潢，或者使用与知名商品近似的名称、包装、装潢，造成和他人的知名商品相混淆，使购买者误认为是该知名商品，属于不正当竞争行为。

**讨论**

（1）梳理《2016 中国好声音》更名为《中国新歌声》的原因。

（2）请你结合案例谈谈商标注册的重要性。

# 第四章

# 为品牌建立有效识别

一味地模仿可能是商业上的自杀行为。

——DDB Worldwide 创始人威廉·伯恩巴赫

 **本章提要**

在形象时代、定位时代和品牌个性时代，要想成为一个强大品牌并得以一直保持，品牌必须建立有效的识别。品牌识别是品牌战略家渴望创造或保护的一套独特的品牌构想。

通过本章的学习你将了解和掌握以下内容：

● 企业识别的 CIS

● 艾克的品牌识别系统

## 导入案例

名人往往都拥有自己的个人公司，这些名人都是在某一方面拥有极大的市场认知度的人物，比如在音乐、体育、娱乐、游戏、设计、导演领域。大卫·贝克汉姆是世界瞩目的足球明星，尽管他早已退役，但大卫·贝克汉姆对足球和家庭所表现出的执着精神，已经在很多人心目中引起了共鸣，使他有条件建立属于自己的品牌。

名人是品牌，他们是自己的受众定义的品牌。他们在某些方面相比其他品牌有独特的竞争优势。消费者在购买产品时除了考虑其功能价值之外，还重视其情感价值。用明星代言就是向消费者进行心理暗示，使他们对广告中明星的好感转移到对产品或品牌的态度上，从而形成积极的品牌联想，并在情感和心理层面形成品牌认同。而当某品牌承担起个人实现情感和精神满足的载体功能时，它就被赋予了积极的文化价值，甚至成为身份和地位的象征。和快速消费品一样，名人在人们头脑中也会和某些东西相联系，比如一个精神形象、一个主张、一段回忆、过去的时光和将来的可能等，这些特征和消费品是很接近的。

名人在营销的时候，也会用公关手段和视觉手段。当然，他也会直接通过言行将自己的品牌主张传达出去。理解名人品牌营销的关键是，赋予品牌价值的那个人和这个品牌也许不是一回事儿。比如当人们在欣赏时尚杂志的时候，人们感兴趣的不一定是大卫·贝克汉姆这个人，而是以大卫·贝克汉姆为原型的这个时尚符号。他们感兴趣的是这个抽象的价值体，这才是真正的品牌，它是综合的、整体的、情绪化的和符号化的。

大卫·贝克汉姆这个品牌已经十分强大，他旗下主营"贝克汉姆"品牌的公司，专门致力于大卫·贝克汉姆这个品牌的开发，已经成为全英国净利润最高的公司之一。据英国媒体公布的"英国100家利润增长最多私人企业"排名，其中专替"贝克汉姆"品牌安排形象专利、广告及赞助事宜的Footwork公司首次入榜便冲到了第43名的位置。

# 第一节　企业识别系统（CIS）

企业识别系统（Corporate Identity System），简称CIS，它由MI（Mind Identity，理念识别）、BI（Behavior Identity，行为识别）和VI（Visual Identity，视觉识别）组成。

CIS是企业对自身的经营理念、行为方式和视觉识别做统一的设计和传播，从而塑造独特个性的企业形象，以便获得社会公众和企业员工认可和支持的企业系统经营战略。一个良好的企业识别系统应该有两个方面的作用：对内能使企业员工达到统一的意识，产生归属感和自豪感，进而激发员工的潜能，提高企业的经营效益，加强企业自身的竞争能力；对外能有效地将企业的各种经营信息传达给社会公众，促使公众认识、识别并产生认同感，从而改善企业生存的外部环境。

4.1　视频讲解

一般来说，企业在以下几种情况下会考虑导入品牌识别系统。

**1. 企业新成立的时候**

一个企业新成立时，如果企业的最高决策者就能站在CIS设计的制高点，对企业的理念、行为、视觉三大系统进行定位和规范，就可以少走弯路，起到事半功倍的效果。

**2. 企业名称和企业标志陈旧或与其他企业雷同**

我国很多企业都是按"地名+序数+行业"的三段式命名，或用"名胜+行业"的二段式命名，雷同化现象十分严重。再加上没有严格的规范，企业标志在使用过程中逐渐变形和走样，不利于社会公众的认知、识别和记忆。

**3. 企业规模不断扩大，造成企业名称或企业标志与之不相适应**

由于企业跨行业经营或多元发展的需要而经常出现内部派生子公司或外部兼并其他企业的现象，这时候如果缺乏明确统一的CIS，那么企业集团中各企业的作用、企业之间的相互关系以及母公司与子公司的相互关系就不够明确，公众也无法了解。例如，美国的RCA公司原本是一家无线电通信企业，后来由于业务范围拓展到卫星通信、电子和小汽车出租等行业，原先为人们所熟悉的标志所体现的视觉形象就显得有局限了，于是 RCA 公司更新了识别系统，以便与新的企业发展态势相吻合。

### 4. 企业经营国际化

企业经营国际化后，由于企业所面对的公众起了变化，原先在国内市场上形象良好的企业及其产品很可能会丧失竞争力，所以这时候就要设计导入新的 CIS。

### 5. 企业管理层更迭

企业的经营理念在很多时候就是企业管理人员的经营理念，所以，企业高层决策者，例如，董事长、总经理人选的变动，往往引起企业导入新的 CIS。

20 世纪 50 年代前后，在美国兴起视觉识别（VI），其背景是受美国"汽车文化"的影响。当时高速公路网已经形成，对道路的交通标志提出了新的要求，为了适应高速行车和复杂的行车路径，出现了统一而简洁的交通识别符号。美国的市场学家将此理念转移到商业传播上，认为消费者恰如高速行驶的司机，面对着复杂的识别环境，公司需要有简练统一的符号去抓住消费者（及一切相关的受众）的注意。这种标准符号系统的思想也广泛运用到各种公众场合。

在美国的影响下，日本继而重视 CI，并于 20 世纪 70 年代前后在学习的基础上形成了日本型的 CI，即企业识别系统 CIS。日本型 CI 的发展强调系统性，提出企业识别由视觉识别（Visual Identity，VI）、行为识别（Behavior Identity，BI）和理念识别（Mind Identity，MI）三个层面组成，如图 4-1 所示。

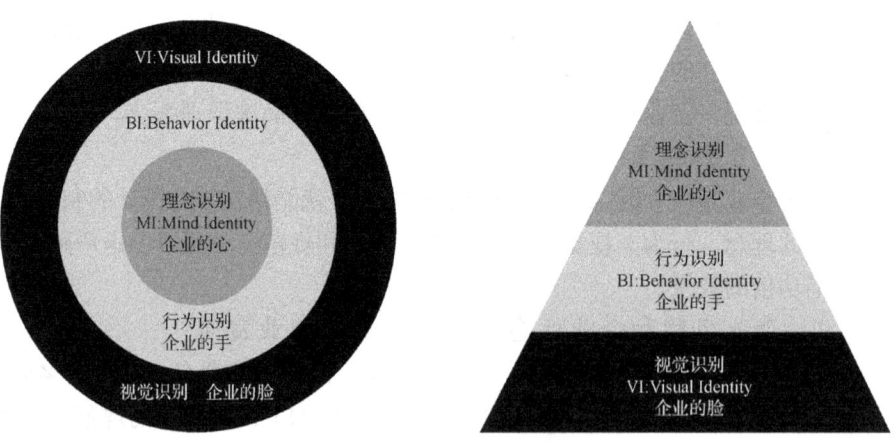

图 4-1　企业识别系统（CIS）

如果把企业比作一个人，那 MI 就是"心"，是一个人的思想、价值观和精神面貌；BI 是"手"，是一个人的言谈举止；VI 是"脸"，是一个人的外表。显然，公司文化居于核心识别的地位。突出系统性，以公司文化理念为核心和由内而外的传播是日本型 CI 的基本特征。

日本型 CI 为企业识别系统构建了基本的框架，在此基础上，CIS 不断发展，在全球范围内得到广泛应用。

## 一、理念识别（MI）

MI 是最高决策层，是企业的精神所在。它包括核心价值观、经营理念、企业精神、企业愿景、企业宗旨、企业哲学、企业作风等内容。例如，北京同仁堂制药厂的企业理念是："炮制虽繁必不敢省人工，品味虽贵必不敢省物力。"同仁堂历经百年而久盛不衰，与它的企业理念有很大关系。

4.2 视频讲解

MI 是企业经营理念和企业精神的综合体现。企业的经营理念是对企业全部行为的根本指导，它以企业的价值观为基础，以企业的组织系统和物质资源为依托，以企业员工的群体意识和行为特点为表现，形成一个企业特有的生产经营管理的思想作风和风格。企业精神是整个企业的共同信念、价值观念、经营宗旨、风格风尚等一系列完整的精神观念。企业经营理念与精神风貌是企业文化的主体，是企业理念识别系统的核心内容，也是制定行为识别规范、视觉识别规范的依据和基础。

MI 在企业中的作用主要体现在以下两个方面。

第一，MI 是企业领导者进行组织、经营、决策和控制的主导思想。企业理念在每一个具体的企业组织中都首先代表了企业领导人的思想观念、工作作风、事业追求、基本思想和方式方法，对每个企业都会产生极大的影响力和作用力。在国际知名的跨国公司中，企业家所倡导的理念和精神有时会成为企业集体精神的标志。

4.3 拓展阅读

被誉为"经营之神"的松下集团创始人松下幸之助先生在总结自己的经营经验时说："在 60 多年的企业经营过程中，我深切地感受到经营理念的重要性。换句话说，对于'公司为什么而存在，应该本着什么目的，用怎样的方法经营'这个问题，必须有一个坚定不移的基本想法。"在他的倡导与影响下，并经过松下公司长期的精进与沉淀，逐渐形成今天的"松下精神"。

4.4 拓展阅读

第二，MI 是企业的灵魂和精神的体现，是企业所有日常经营活动的行动指南。一个有长远发展目标的企业，必须通过树立企业形象和品牌形象以强化其市场认知度，这就需要在整个企业中统一思想，使全体员工的行为举止符合企业整体形象。因此，MI 不仅要反映企业领导者个人的思想，还要在企业所有成员中得到认同，形成共识。设计企业理念不仅要注重实质性的内容，更要讲究企业精神、经营观念和价值观念的表现形式，重视企业理念的传播形式和传播效果，即作为企业整体传播策略的一部分。只有将企业理念通过简明、精练的形式表现出来，传达于受众，才能强化其对企业全体员工思想的指导作用。

## 二、行为识别（BI）

BI 是非视觉化动态的识别形式。BI 通过企业的经营管理活动及社会公益活动等来传播企业的经营理念，使之得到企业内部员工的认可和支持之后，更能进一步得到社会公众的接受，从而进一步强化其品牌形象，在市场中树立一种美誉度极高的企业形象，创造更加有利于企业深化发展的内外部环境。

BI 还兼具一贯性、策略性特征，它区别于企业的一般性经营活动，充分调动企业所能利用的各种媒体和传播工具，采用丰富多彩、不拘一格的活动，以最大限度地赢得内外环境的认同为己任。这里所说的一贯性，是指具有典型识别意义的企业活动，必须长久不懈地坚持下去，比如说企业定时、定期的集会活动、典礼和仪式以及具有企业识别意义的由员工亲自参加的经营活动，甚至包括社会公益活动等。BI 的策略性是指企业识别性活动的形式、内容、方式、时间、场合等都要根据 MI 做出策略性调整和应用，根据不同企业、不同阶段的企业目标以及不同时间、不同场合的受众情况，BI 将会有多种多样的表现形式，所有的 BI 活动都是有计划、按步骤、分阶段来实施的。

建立企业行为识别系统，塑造动态形象并为社会公众所接受，不仅仅是公关部门的事，而是关系企业自上而下的每一个员工、企业的每一道环节和每一个部门的事。要使之发挥应有的效应，需要长期规划以及全体员工的共同努力。行为系统传达的对象，不单是指向客户和消费者，还必须针对企业内部员工、社会大众、相关机构和团体。企业行为识别系统的规划、设计、建立是一项系统工程，应该立足长远、内外兼顾。

企业的行为识别系统涵盖了企业的经营管理、业务活动的所有领域，分为对内和对外两个部分。其中，企业内部系统包括企业内部环境的营造、员工教育及员工行为规范化等。企业外部系统包括产品规划、服务活动、广告活动、公关关系等内容。

### （一）企业内部系统

#### 1. 企业内部环境

企业内部环境的构成因素很多，它主要分为两部分内容：一是物理环境，包括视听环境、温湿度环境、嗅觉环境、营销装饰环境等；二是人文环境，包括员工精神风貌、领导作用、合作氛围等。企业营造一个干净、整洁、积极向上、温馨融洽、团结互助的企业内部环境，不仅能保证员工的身心健康，而且是树立良好企业形象的重要方面。

#### 2. 员工教育

企业员工来自不同的社会阶层，学识修养、脾气秉性各不相同。员工教育分为干部教育和一般职工教育，两者的内容有所不同。干部教育主要是政策理论水平教育、法制教育、决策水平及领导作风教育。一般员工教育内容主要是与其日常工作相关的一些内容，例如，经营宗旨、企业精神、服务态

度、服务水准、员工规范等。

### 3. 员工行为规范化

一个企业要在经营活动中步调一致，令行禁止，必须有一定的准则规范。行为规范是员工共同遵守的行为准则。行为规范化，既表示员工行为从不规范转向规范的过程，又表示员工行为最终要达到规范化的结果，包括职业道德、仪容仪表、见面礼节、电话礼貌、迎送礼仪、宴请礼仪、舞会礼仪、谈话态度、谈话礼节和体态语言等。

此外，内部系统还包括福利制度、公害对策、废弃物处理、发展战略等内容。

4.7 拓展阅读

### （二）企业外部系统

### 1. 产品规划

这是塑造企业产品形象的第一步。产品形象包括产品名称、包装、功能、质量、价格、营销手段等。产品规划首先要进行市场调查，了解消费者需求，即企业根据消费者的需求进行产品的开发设计，并且利用产品的销售策略加深消费者对产品的印象。产品形象的核心是产品的质量，产品规划的关键是保证产品的质量。

### 2. 服务活动

就内容而言，服务活动包括售前、售中和售后三个阶段的内容。优良的服务有利于博得消费者的好感，塑造积极正面的企业形象。服务的品质和效果取决于服务活动的目的性、独特性和技巧性。服务必须以诚信为本，来不得半点儿虚伪，它必须是言必信、行必果，给消费者带来实实在在的利益。

### 3. 广告活动

广告可以分为产品广告和企业形象广告，产品广告又分为产品形象广告和产品销售广告。产品形象广告不同于产品销售广告，它不再是产品本身简单化的体现，而是创造一种符合目标顾客追求与向往的形象。企业形象广告就其制作手法而言与其他广告并无显著不同，但它有自身较为独特的目的。企业形象广告的主要目的是树立商业信誉，扩大企业知名度，增强企业的凝聚力。对于 CIS 来说，应该更加重视形象广告的创造，以便获得社会各界对本企业及产品的广泛认同。

### 4. 公关活动

公关活动是企业行为识别系统的主要内容。任何企业都是由各种社会关系包围着的社会存在。通过公关活动可以提高企业的信誉度、知名度，还可以消除公众的误解，免除不良影响，取得公众的理解和支持。公关活动的主要内容有专题活动、公益性活动、文化性活动、展示活动、新闻发布会等。

除了以上介绍的几种活动以外，外部系统还包括市场调查、促销活动、金融对策等内容。

## 三、视觉识别（VI）

在整个企业识别系统中，视觉识别的传播力与感染力最为具体和直接。视觉是人们接受外部信息的最重要和最主要的通道。VI 将 CIS 的非可视内容转化为静态的视觉识别符号，以丰富多样的应用形式，在最为广泛的层面上，进行最直接的传播。设计科学、实施有力的视觉识别，是传播企业经营理念、建立企业知名度、塑造企业形象的重要途径。

视觉识别包括基本要素和应用要素两个方面，项目最多，层面最广。基本要素包括标志、组合标志、标准字体、专用字体、标准色、吉祥物等；应用要素包括员工制服、招牌、名片、包装、广告、橱窗、专用车辆、礼品等，如图 4-2 所示。

4.8 视频讲解

4.9 案例

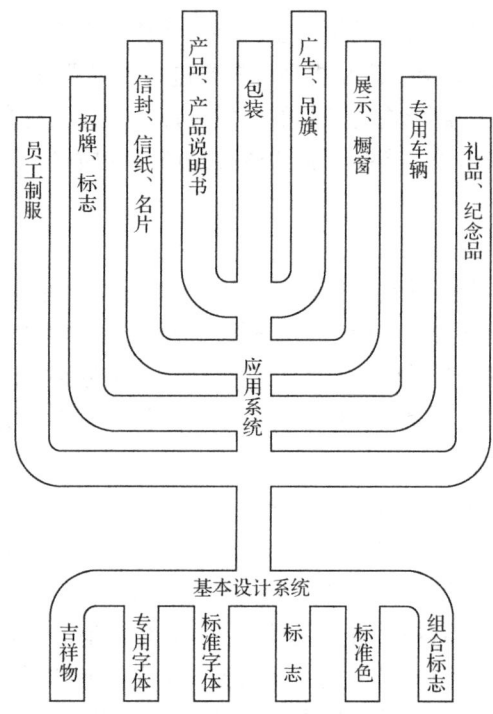

图 4-2　VI 的基本要素和应用要素

### （一）VI 的基本要素

#### 1. 标志设计

品牌标志在整个企业识别系统的视觉设计中，应用最广、出现频率最高，它是视觉设计的核心。品牌标志在消费者心目中是企业、品牌的象征。关于品牌标志的设计，见第二章第二节内容。需要注意的是，标志确定后，一般应用在两大类媒体上，一类是各类印刷品等小型应用设计上，通常用精致的墨稿去放大或缩小；另一类是为了适应建筑物、招牌等大型应用设计场合，不可能用墨稿去放大，为了不使标志产生变形，导致社会大众产生误解，影响形象，制定标准制图是必要的。标准制图法种类很多，大多采用方格制图

4.10 拓展阅读

法。方格的密度以标志图形的繁简程度而定，图形越简单，密度越稀。总之，以方便制作为准。

2. 标准字体

标准字体是企业视觉识别中的基本要素之一，往往与标志同时使用，出现频率很高，运用广泛，几乎出现在所有的应用设计中。标准字体的设计处理不但是信息传达的手段，也是构成视觉表现感染力的一种不可缺少的要素。

标准字体包括品牌标准字和企业名称标准字。它们的基本功能都是传达企业的精神，表达经营理念。也就是说，标准字体是根据企业名称和品牌标志而精心设计的字体，对于每一个字的间距、笔画的粗细、长宽的比例、造型要素等都是经过严密推敲和严谨制作的。

（1）准确性

文字是一种视觉语言，同时又是一种可供转换的听觉语言。若要人们在瞬间读出企业名称、品牌名称，就要求标准字体做到最大限度的准确、明朗、可读性强，不会产生任何歧义。这是标准字的基本要求。

（2）关联性

标准字体的设计，不只是考虑美观，它要和商品的特性有一定的内在联系，如果没有关联性，就失去了目的。不同的字体由于笔形与组合比例不同，给人的知觉感应也大不相同，有的浑厚有力，有的柔婉秀丽，有的活泼流畅，有的庄重大方，要充分调度字体的感应元素，唤起大众对商品本质的联想。

（3）独特性

标准字体同样具有标志识别性的功能，众多的文字排在一起，字形、笔画都有很大的差异，这给设计提供了种种条件，有些是有利条件，有些是不利条件。要充分发现挖掘有利条件，寻求适当的表现方法，设计出独具一格、有震撼力的字体来。如果不独特，就吸引不了注意力；如果不能造成震撼力，印象就不会持久。

3. 标准色

标准色是企业指定一种或几种特定的色彩作为企业专用色彩，利用色彩传达企业的理念，塑造企业形象。合理的色彩设计运用到各种媒体上，能对人的生理、心理产生良好的影响，给人们带来美好的联想。

俗话说"远看颜色近看花"，色彩对人们的视觉来说是最敏感的，能给人们留下深刻的第一印象。色彩教育家约翰内斯·伊顿说过："色彩向我们展示了世界的精神和活生生的灵魂。"色彩是有感情的，它不是虚无缥缈的抽象概念，也不是人们主观臆造的产物，它是人们长期的经验积累。色彩感觉有冷暖、轻重、明暗、清浊之分，不同的色彩还可以使人感到酸、甜、苦、辣之味。色彩通过人的视觉，影响人的思想、感情及行动，包括感觉、认识、记忆、回忆、观念、联想等，掌握和运用色彩的情感性与象征性是十分重要的。下面是不同色彩带给人的各种感受：

● 红色——热烈、辉煌、兴奋、热情、青春。

- 绿色——春天、健美、安全、成长、新鲜。
- 蓝色——安详、理智、科技、开阔、冷静。
- 黄色——富贵、光明、轻快、香甜、希望。
- 橙色——华丽、健康、温暖、欢乐、明亮。
- 紫色——高贵、优越、幽雅、神秘、细腻。
- 白色——明亮、高雅、神圣、纯洁、坚贞。
- 黑色——严肃、庄重、坚定、深思、刚毅。
- 灰色——雅致、含蓄、谦和、平凡、精致。

标准色并不都是单色使用，一般有下列三种情况。

（1）单色标准色

单色标准色强烈、刺激，追求单纯、明了、简洁的艺术效果。

（2）双色标准色

双色标准色追求色彩搭配、对比的效果。还有一种情况是标志是单色，但并不是企业的标准色，企业标准色是另一种色彩。

（3）标准色+辅助色

有许多企业建立多色系统作为标准色，用不同的色彩区别集团公司与分公司或各部门、不同类别的商品。利用色彩的差异性可以达到瞬间区分识别的目的，但一般来说，多个色彩中有一种颜色是主色。

4. 吉祥物

在整个企业识别设计中，吉祥物设计以其醒目性、活泼性、趣味性越来越受到企业的青睐。利用人物、植物、动物等作为基本素材，通过夸张、变形、拟人、幽默等手法塑造出一个亲切可爱的形象，对于强化企业形象有重要作用。由于吉祥物具有很强的可塑性，往往需要设计不同的表情、不同的姿势、不同的动作，较之严肃庄重的标志、标准字，吉祥物更富有弹性、更生动、更富有人情味儿，更能达到过目不忘的效果，例如，京东的"金属狗"、天猫的"黑色玩偶猫"和苏宁的"小狮子"。

# 第二节　艾克的品牌识别系统

品牌识别是一个较新的概念，对品牌识别的理解和管理是建立强有力品牌的关键，并且由此建立品牌资产。品牌识别将指导品牌创建及传播的整个过程，因此必须具有一定的深度和广度。

成功的品牌应该不仅在功能上满足消费者的需求，而且能够同时提供满足消费者某些心理需求的附加价值。成功的品牌可以用下面的公式表述：

$$S = P \times D \times AV$$

式中：$S$ 为成功的品牌；$P$ 为有效的产品；$D$ 为与众不同的品牌识别系统；

AV 为附加价值。

由此我们可以得出这样的结论：一个企业要想建立成功的品牌，除了要生产过硬的产品以外，还要建立有效的品牌识别系统，最终为消费者带来除产品使用功能之外的附加价值。

美国品牌研究专家大卫·艾克教授在 1996 年说："品牌识别是品牌营销者希望创造和保持的，能引起人们对品牌美好印象的联想物。这些联想物暗示着企业对消费者的某种承诺。"

艾克的品牌识别模型如图 4-3 所示。

4.11　视频讲解

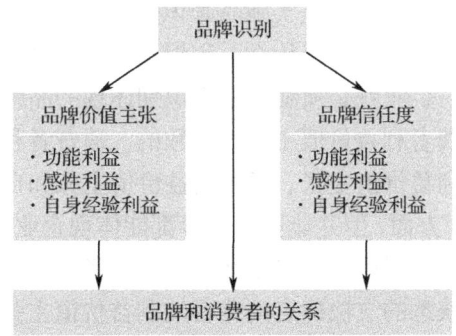

图 4-3　艾克的品牌识别模型

艾克教授认为，品牌不仅要在功能上满足消费者的需求，而且要能够满足消费者某些感性的心理需求，提供感性利益和体验价值，最终和消费者建立某种关系。

艾克提出，品牌识别的内容实际上包括四个方面：品牌作为产品，品牌作为组织，品牌作为个人和品牌作为象征符号。

- 产品识别：产品领域、产品性质、品质价值、用途、来源国等。
- 组织识别：组织性质、本地化或全球化等。
- 个性识别：品牌个性、品牌与顾客之间的关系等。
- 符号识别：品牌标志、色彩、品牌标志语、品牌代言人、直觉和品牌传统等。

艾克进一步指出，这个识别系统包括一个核心识别特性和延伸识别特性。核心识别是品牌最重要、永恒的本质，是品牌进入新的市场和产品领域时最有可能保持不变的。延伸识别包括那些完美的品牌识别元素组成附属的有意义的类别。品牌识别是一个整体的识别，因为这个整体的识别，人们才会对一个品牌有一个整体的印象和评价。所有这些识别的细节都经过精心的设计和打造。

例如，本章导入案例中，大卫·贝克汉姆的产品识别是球星、足球和绿茵场；他的组织识别是其所在的足球队的灵魂人物；他的个性识别就多了，例如，他射门的英姿、不怕困难、勇往直前的劲头等都是个性识别的细节；他的符号识别包括他的发型和名字等。

大卫·贝克汉姆在所有这些识别特性的打造过程中，都围绕着一个核心诉求，那就是作为足球巨星的球场风范以及作为时尚巨星的飒爽英姿，即使是时尚的影响力也是基于足球巨星的影响力之上的。如果将大卫·贝克汉姆理解为一个时尚品牌的话，这个时尚品牌和其他一些时尚品牌一样都需要界定核心诉求和识别体系。就像 LV 的典雅、贝纳通（Benetton）的前卫、李维斯（Levi's）的性感和范思哲（Versace）的神秘。这些品牌的核心诉求无一不经过多年的精心打造和培育，它们都为了将某个词汇和自己联系到一起而投入巨资，这样才能培养出一个强势的特征鲜明的品牌。

定义品牌识别的具体内容是实施品牌识别系统的起点，如果要让品牌识别产生"反映企业能组织和做些什么、和消费者产生共鸣、能造成与竞争对手的差异"的作用，企业就必须确保品牌识别体现的品牌形象所能实现的利益价值主张是与消费者利益价值主张相一致的。消费者利益价值主张有三种形式，分别为功能利益价值主张、感性利益价值主张和自我经验利益价值主张。品牌识别有四个方面，但并非所有内容都能体现企业拟建立的品牌形象，而取舍标准是要看哪一项内容能更好地实现消费者利益价值主张。因此需要通过倾听—了解—获悉的方法确定消费者的利益价值主张，并以此为标准，准确定义品牌识别的具体内容，然后以这些品牌识别内容为框架构建具体的品牌形象。

艾克品牌识别系统的最终目的是与消费者建立一种"关系"，艾克教授在《品牌领导》中是这样描述的："品牌应该和消费者建立如同人际关系般的联系。"品牌是和消费者建立关系的主体。要建立品牌与消费者之间的关系不应该局限于产品的范畴里，而应该以消费者为中心，以便建立一种"如同人际关系般的联系"。这就要求赋予品牌人性化的特征，使品牌能够成为消费者的朋友、老师、顾问或者保镖等，从而品牌就在消费者日常生活中扮演了某个角色。消费者的利益价值主张在这人性化的品牌形象中得以体现，品牌将会获得消费者的认同，使消费者对品牌产生强烈的归属感，为最终实现品牌信任和品牌忠诚奠定了基础。

##  本章回顾

品牌识别是品牌营销者希望创造和保持的，能引起人们对品牌美好印象的联想物。这些联想物暗示着企业对消费者的某种承诺。本章介绍了企业识别系统（CIS）和艾克的品牌识别系统。CIS 是企业对自身的经营理念、行为方式和视觉识别做统一的设计和传播，从而塑造独特个性的企业形象，以便获得社会公众和企业员工认可和支持的企业系统经营战略。艾克的品牌识别系统反映了品牌不仅要在功能上满足消费者的需求，而且要能够满足消费者某些感性的心理需求，提供感性利益和体验价值，最终和消费者建立某种关系。两者共同的目标是塑造差别化的企业形象，为品牌建立有效识别。

4.12　测验

问题思考与讨论

1. 你认为企业识别系统（CIS）在企业品牌建设中的作用是什么。

2. 随着企业内外部环境的变化，你认为企业是否需要调整和更换其视觉符号，是否需要调整和更换其核心识别特性。为什么？

 **本章实践任务：为品牌设计 VI**

在上两章的实践任务中，各组为自己的品牌起了名字，设计了品牌标志，并申请了商标注册，通过本章的学习，请为你的品牌确定 VI 的基本要素，并设计三种应用要素。

提示和要求：参照第一节中的图 4-2，在应用要素中任选 3 种，完成设计（见表 4-1）。通过小组讨论合作完成实践任务，制作 PPT 并展示最终成果。

4.13 作业范例

表 4-1 VI 设计

| 品牌名称（中文/英文） | | |
|---|---|---|
| 基本要素 | 标志 | |
| | 标准字体 | |
| | 标准色 | |
| | 吉祥物 | |
| 应用要素 1 | | |
| 应用要素 2 | | |

续表

| | |
|---|---|
| 应用要素 3 | |
| 其他说明 | |

案例分析

### 维珍的品牌识别

1970 年，理查德·布朗逊和几位朋友在伦敦成立了一家小型的邮购公司，次年又在牛津大街开了一家中型零售店。合伙人以"维珍"（Virgin）（见图 4-4）命名是因为他们自己正值青春年少，商业经验稚嫩。然而，13 年后，维珍成为英国著名的唱片连锁店和最大的独立商号，网罗了菲尔·科林斯、滚石等知名艺人。1990 年，维珍在全球发展了几百家大型零售店，例如，"时代广场百货"，以其醒目的外观、规模和内部设计为品牌做了令人瞩目的代言。

图 4-4　维珍的品牌名称和标志

1984 年，一位年轻的律师向理查德·布朗逊递交了一份开设航空公司的计划。董事会觉得这个主意实在荒唐，但理查德·布朗逊却认为在娱乐业的成功经验可以运用到航空业上。理查德·布朗逊认为当时的空中旅行十分无聊，他梦想让飞行充满乐趣，因此他提出"让各阶层的旅客花最少的钱，享受最高级的服务"。3 个月后，第一个维珍大西洋航空公司的航班从伦敦加特卫科机场起飞了。面对英航的竞争压力，维珍稳步发展，到 1997 年年销售额超过 35 亿美元，并开始享有国际大型航空公司的声望。

维珍的创新哲学很简单——"为顾客做得最早，做得最妙"。维珍 1986 年起就在机舱内安排了睡椅（英航直到 9 年后才有摇篮席），为乘客提供飞行信息、设置儿童安全带以及为商务舱乘客提供独立的录像屏幕，所有新的服务内容和等级都超过其他航空公司的标准。总之，维珍在推动创新方面无人能及。维珍公司收入的 3%用于服务质量改进，这个数目差不多是一般美国航空公司的两倍。

维珍的候机室内设有高尔夫练习场和可以淋浴、小憩的场所，并配备专业的按摩师和美容师。航班为头等舱乘客在终点准备了手工缝制的衬衫，乘客甚至可以选择一个方便的、像汽车开进麦当劳餐厅那样的特别窗口登机。维珍还可以为乘客供应一份素食餐或者一杯斯坦伯格咖啡。这些都是维珍航空公司在符合标准之后增加的一些普通的改进措施，目的是让乘客的飞行令人难忘、充满情趣。

航空业的顾客有许多时刻能直接感受和体会服务质量。在这方面，维珍获得了多个奖项。1997年，维珍连续第七次被评为最佳跨大西洋运输公司，第九次获选最佳经营者。维珍获得的其他奖项还有最佳娱乐服务、最佳地面和登机服务等。维珍的服务比起一向以服务著称的英航和新加坡航空公司丝毫不逊色。

维珍的高级服务是面向商务舱乘客的，这种服务相当于许多其他航空公司头等舱的标准。它的中级服务则以十分经济的价格提供商务舱等级服务，而大部分维珍经济舱客票都能折价购到。这种较低的价格也许能成为一种优势，但维珍从不强调它的定价。廉价本身不是维珍想传递的信息。

维珍的个性强烈，甚至还有些另类，这充分体现了它生机勃勃的创新意识及其创始人理查德·布朗逊的价值观和行为作风。如果维珍是一个人，那么他应该是这样一个人：游离于规则之外，富有幽默感；有时有些出格，敢于挑战权威；能力过人，自我要求很高，事情也办得很漂亮。维珍成功的关键在于理查德·布朗逊本人将自己的个性变成了维珍的个性，而且彰显无余。

维珍的符号说到底就是理查德·布朗逊本人，他身上体现了大部分维珍的特征。当然，维珍还有其他符号，比如维珍小飞艇、维珍岛和维珍的品牌标志。维珍的标志是一个有棱有角的手写字，与那些传统的四平八稳的铅字形成鲜明对比。这个手写字体使人觉得这就是理查德·布朗逊的手笔，它的尖角也似乎在告诉人们：这不是你们司空见惯的大公司。

维珍的经营模式直截了当，它的特点是向那些高手云集的行业和市场（比如航空业有英航，可乐业有可口可乐）挑战，这些企业给人的感觉是有那么一点儿志得意满和官僚作风，对消费者反应迟钝。相反，维珍给人的印象却犹如处在这些高手夹击之下的后起之秀，它关心消费者的感受，不断地创新并让消费者觉得购买的东西如此富有魅力。正如理查德·布朗逊本人所言，维珍是现代的罗宾汉，小人物们的好朋友。

**讨论**

（1）结合艾克的品牌识别系统，谈谈维珍的核心识别和延伸识别是什么。

（2）维珍通过其品牌识别系统，传达了什么价值主题？和消费者建立了怎样的关系？

4.14 案例解析

# 第五章

# 为品牌定位

在定位时代里，光靠发明或发现新东西是不够的，甚至可能没它也行，但你必须第一个打入预期客户的大脑才行。

——艾·里斯，杰克·特劳特（《定位》）

 **本章提要**

任何企业都不可能为市场上的所有顾客提供所有产品或服务，而只能根据自己的具体情况选择具有优势的细分市场，品牌定位作为市场定位的核心，是建立一个与目标市场相关的品牌形象的过程和结果。

通过本章的学习你将了解和掌握以下内容：

● 品牌定位的原则和流程

● 品牌定位策略

## 导入案例

农夫山泉目前已经成为中国瓶装饮用水的领导品牌之一，农夫山泉的成功是市场营销的成功，也是品牌定位的成功。

1997 年 4 月，浙江千岛湖养生堂饮用水有限公司第一个工厂开机生产农夫山泉瓶装水。1997 年 6 月，农夫山泉在上海市、浙江省上市，以"有点儿甜"为销售卖点，实施差异化营销策略。农夫山泉的差异化不仅体现在包装及品牌运作上，还体现在价格上，并以此差异化的营销策略、独特的品牌定位迅速奠定了农夫山泉在瓶装水市场上的高档、高质的形象。1998 年 4 月，养生堂在中央电视台推出了"农夫山泉有点儿甜"的纯净水广告，这句广告语引起了消费者的普遍关注。2000 年，中国跨世纪十大策划经典个案评选揭晓，"农夫山泉有点儿甜"名列其中。从它一步步地宣传和推广中，体现了农夫山泉的三个理念：

第一，环保理念——农夫山泉从不使用城市自来水，每一滴农夫山泉都有其源头。农夫山泉认为，只有好的天然水源才能生产出优质的瓶装饮用水。含有天然矿物质元素的饮用水，最符合人体需求，平面广告如图 5-1 所示。

第二，天然理念——坚持水源地建厂，水源地生产。每一瓶农夫山泉都清晰标注水源地，确保消费者的知情权。

农夫山泉坚持在远离都市的深山密林中建立生产基地,全部生产过程在水源地完成。消费者喝的每一瓶农夫山泉,都经过了漫长的运输线路,从大自然远道而来。目前,农夫山泉占据四大优质的天然饮用水源——浙江千岛湖、吉林长白山、湖北丹江口和广东万绿湖。

图 5-1　农夫山泉平面广告

第三,健康理念——农夫山泉只生产天然弱碱性的健康饮用水,坚决反对在水中添加任何人工矿物质。

世界卫生组织《饮用水水质准则》表明,不论饮食结构丰富与否,人体必须从饮用水中摄取一定比例的矿物质和微量元素。因此,农夫山泉认为,饮用水中应该含有人体所需的全面、均衡、天然的矿物质元素,并反对在水中添加任何人工矿物质。这个定位直接让其他生产厂商望尘莫及。从感性的角度看待农夫山泉,得益于它的特殊性,就是天然是大家最喜欢的,最容易让人接受的,它的泉水来源也是一个因素。

# 第一节　品牌定位的原则和流程

现代社会是信息社会,人们从睁开眼睛就开始面临信息的轰炸,消费者被信息围困,应接不暇。各种消息、资料、新闻、广告铺天盖地。

以报纸为例,一般而言,一份大都市的报纸,例如,《21世纪经济报道》可能包含 5 万字以上,一个人一天即使不做其他任何事情,不吃不睡,也读不完一份报纸,更何况现代社会的媒体工具种类繁多,电视、杂志、网络上的信息铺天盖地,更新快速。

如此多的媒体,如此多的产品,如此多的信息,消费者无所适从是必然

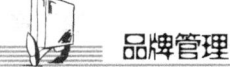
的，这也使企业的许多促销努力付之东流，得不到理想的效果。企业只有压缩信息，实施定位，为自己的产品塑造一个最能打动潜在顾客心理的形象，才能使潜在顾客对该品牌产生正确的认识，进而产生品牌偏好和购买行动。

# 一、品牌定位的概念和意义

5.1　视频讲解

1972 年，杰克·特劳和艾·里斯先生提出了定位理论。定位理论指出消费者对过多的信息、品牌倾向于排斥，消费者在购买某类产品时，更多地优先选择该类商品的代表品牌，例如，购买创可贴时，选择邦迪；购买安全的汽车时，选择沃尔沃。

基于对定位的认识，人们认为品牌定位就是建立一个与目标市场有关的品牌形象的过程和结果。换言之，即指为某个特定品牌确定一个适当的市场位置，使商品在顾客的心中占领一个有利的位置，当某种需要一旦产生，人们会先想到这个品牌。比如在炎热的夏天感到口渴时，人们会立刻想起"可口可乐"红白相间的商标和流畅而生动的书写字体，想到它清凉爽口的味道；在计划购置一台电脑时，消费者会想到"联想"高质量的产品和优质高效的服务等。这些企业都以其独特的品牌形象在消费者心目中留下了深刻的印象，使消费者理解和认识了其区别于其他品牌的特征。

市场实践证明，任何一个品牌都不可能为全体顾客服务，细分市场并正确定位，是品牌赢得竞争的必然选择。只有品牌定位明确，个性鲜明，才会有明确的目标消费层。唯有明确的定位，消费者才会感到商品有特色，有别于同类产品，形成稳定的消费群体。而且，唯有定位明确的品牌，才会形成一定的品位，成为某个层次消费者文化品位的象征，从而得到消费者的认可，让消费者得到情感和理性的满足感。

品牌定位的提出和应用是有其理论基础的。

## （一）人们只看他们愿意看的事物

人们只看他们喜欢的事物，对于不喜欢的东西看得越多反而越感到厌恶，不但没有产生美感，反而更觉得丑陋。一个定位准确的品牌引导人们往好的、美的方面体会，反之，一个无名品牌，人们往往觉得它有很多不如其他商品的特点。广告之所以是促销的有力武器，就在于它不断地向潜在顾客传达其所期望的奇迹和感觉。

## （二）人们排斥与其消费习惯不一致的事物

消费者在长期的购买、消费行为中往往形成了特定的习惯。例如，有的人喜欢去大商场买服装、家电，去超级市场购买日常用品、食品；而有人喜欢喝果汁，有人喜欢饮用可乐。消费习惯具有惯性，一旦形成就很难改变。品牌定位有利于培养消费习惯，提高顾客忠诚度。

## （三）人们对同种事物的记忆是有限度的

正如我们前面所讲到的，这是一个信息超量的时代，产品种类多到前所未有的地步，然而人们的记忆是有限的，很少有人能准确列出同类商品七个以上的品牌，人们往往能记住的是市场上的"第一、第二"，在购买时首先想到的也往往是某些知名品牌，例如，可口可乐、IBM、苹果等。

## 二、市场定位、产品定位和品牌定位的关系

由以上对品牌定位概念的介绍，我们可以看出，品牌定位内容极其丰富，不能等同于市场定位或产品定位。

市场定位定的是在从事消费活动时所寻求的相似的需求和利益的群体，即什么样的人。

产品定位定的是满足这个相似性需求和利益的产品，即什么样的产品。

品牌定位定的是与具有相似需求和利益的群体具有强烈共鸣的、在其心智中占有区别于竞争对手的独特的概念，即什么样的诉求。

5.2 视频讲解

定位的一般顺序是先有市场定位，后有产品定位，最后是品牌定位，但在实际应用中，因为客观条件的因素，三者的顺序可能会调整。

市场是一群有具体需求而且具有相应购买力的消费者集合。因此，市场定位可以直观地理解为对"把东西卖给谁"这个人的问题的定位。市场定位是企业对目标消费者或者说目标消费市场的选择。市场定位一般包括总体市场分析、竞争对手分析、市场细分、目标市场选择、目标市场区域规划、目标市场和特征描述、进入目标市场的时间和基本营销策略。

产品定位则是对"我们生产什么产品来卖给目标消费者"这个物的问题的定位，它以人的定位为基础，但在具体内容上有根本差异。产品定位是企业对选择怎样的产品特征及产品组合以满足特定市场需求的决策。一般来说，产品定位应该包括产品类别定位、产品档次定位、产品构成定位、产品功能定位、产品组合的宽度和深度的决策、产品外形及包装决策、产品的独特卖点、产品价格决策以及制订营销组合和基本营销策略。

许多人至今还把市场定位和产品定位混淆在一起，其实这两者是不同的两个概念。从理论上讲，应该先进行市场定位，然后才进行产品定位。在实际商业实践中，也有先完成了产品定位，然后才来补做市场定位的。产品定位是对市场定位的具体化和落实，以市场定位为基础，受市场定位指导，但比市场定位更深入和细致。一般而言，在完成市场定位和产品定位的基础上，我们才能比较顺利地进行品牌定位。

品牌定位是指在市场差异化和产品差异化的基础上，进一步创造品牌差异化，以便增强产品竞争能力。品牌定位以产品定位为基础，但其内容远远不止于产品定位。

综上所述，我们归纳出品牌定位与产品定位、市场定位的关系。

### （一）品牌定位与产品定位的关系

品牌是产品的标志。在竞争性经济中，这种标志是产品区别于或领先于竞争对手的产品的本质所在，因此，给产品塑造一个强有力的品牌，是提升

产品竞争力的重要途径。从另一个角度来说，产品又是品牌经营的依托，是品牌的实体所在。所以，产品定位支撑品牌定位，而这种支撑是建立在产品具有卓越品质的基础上的。没有产品定位的支撑，品牌定位将成为"空壳"。

### （二）品牌定位与市场定位的关系

所有的品牌都必须进入市场，品牌只有在市场上按照市场化的规则和方式进行运营，才能获得生存与发展的空间基础，因此，所有品牌定位的最终归宿是市场定位。要完成一个明确而清晰的定位过程，企业必须了解自己的品牌所能获得的市场份额。这就需要对市场进行细分，确认品牌可以并且能够建立定位的目标市场。

## 三、品牌定位的原则

### （一）消费者导向原则

美国品牌专家林恩·阿普什认为，只有一种真正有力的定位，即顾客定位。他阐述顾客定位的含义是：首先，定位就是确定产品品牌在顾客和潜在顾客心智中的位置，必须把品牌由市场导入消费者理念；其次，销售者只提供关于品牌定位的建议和方案，而只有顾客才能成为定位主体，即有权决定是接受还是拒绝销售者提出的品牌，销售者不能替代顾客定位，不能将品牌理念强加给顾客，销售者必须从顾客的角度去思考和策划品牌定位，销售者必须善于引导顾客朝着他们策划的方向发展。

### （二）差异化竞争优势原则

竞争者是影响定位的重要因素。没有竞争的存在，定位就失去了价值。因此，不论以何种方法，策略定位要始终考虑与竞争者的相对关系。差异创造竞争优势，差异创造品牌的"第一位置"，品牌定位在本质上展现其相对于竞争者的优势，通过向消费者传达差异性信息而让品牌引起消费者注意和认知，并在消费者心智上占据着与众不同的有价值的位置。

### （三）个性化原则

品牌定位要赋予品牌独特的个性，以便满足相应的顾客需求。产品与产品之间的某种差别，是可以通过经营策略和不断努力来缩小的，产品之间真正无法接近的只有品牌的个性，这种个性可能与产品的物理特性和功能毫无关系，是通过定位赋予在这个产品身上的。同时，品牌所表现的个性要与消费者的价值观吻合，才能得到消费者的认同。

### （四）动态调整原则

品牌定位不是一成不变、一劳永逸的。整个市场都在不断地发生变化，产品在不断地更新换代，消费者的需求也在不断地发生变化，市场上不断有新的同类产品加入竞争，产品在自身生命周期中所处的阶段也在不断地演进。因此，随着内外部环境的变化，原来的定位可能已经无法再适应新的环境，此时，就需要考虑对原有定位进行调整或者进行再定位。

所谓再定位，就是对品牌重新定位，旨在摆脱困境，使品牌获得新的增长与活力。它不是对原有定位的一概否定，而是企业经过市场的磨炼之后，对原有品牌战略的一次扬弃。

## 四、品牌定位的流程

品牌定位是企业品牌战略的一个重要环节，营销者进行品牌定位的活动应该遵循整个品牌经营战略的目标及定位的原则，与品牌经营的各个环节互相调节、相互影响。首先，通过顾客分析、竞争者分析和自我分析，确定细分市场，进而评估和选择目标市场，同时形成品牌价值主张。其次，提炼品牌核心价值并对品牌定位进行具体描述，明确向消费者传达的品牌特定信息，形成品牌定位决策。再次，执行品牌方案，建立品牌形象。最后，对品牌定位效果进行跟踪和评估，找出定位的不足，并根据品牌环境发生的变化对品牌定位各个环节进行调整，如图 5-2 所示。

5.3    视频讲解

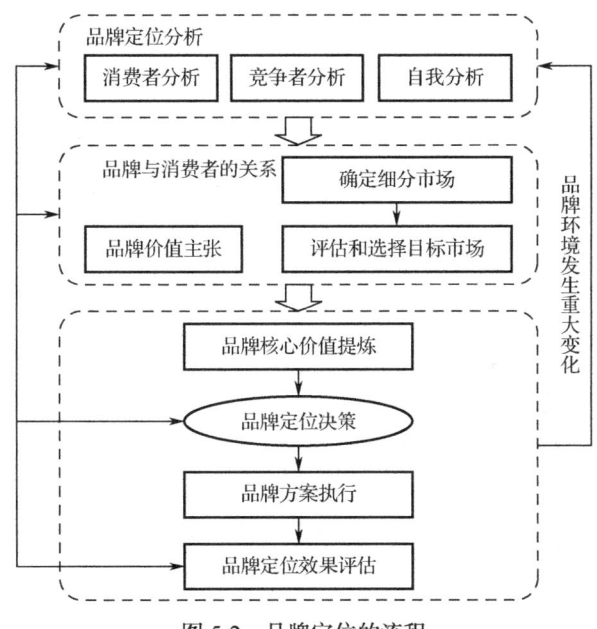

图 5-2    品牌定位的流程

下面就品牌定位流程中的关键环节做具体分析。

### （一）品牌定位分析

#### 1. 消费者信息

消费者是品牌定位系统的出发点和最终裁判者，在进行品牌核心价值提炼时，侧重于对目标消费者收入状况、生活方式和价值观等信息的调查与把握。在进行品牌定位决策时，则侧重于对消费者心理需求、购买动机、媒体偏好等信息的调查与把握。

#### 2. 竞争者分析

竞争品牌的相关信息可以为品牌定位提供参照标准，建立与竞争品牌有

效的区分，以便使品牌在消费者心目中树立一个区别于竞争者的有效的定位，主要包括以下几方面。

（1）市场总体竞争态势

这个信息可以通过直接的消费者调查或从行业研究报告中获取资料。通过调查可以确定企业的主要竞争品牌有哪些。一般情况下是把强势品牌中与企业产品相似的品牌作为主要的竞争品牌。

（2）主要竞争品牌的优劣势

竞争品牌的优势分析，主要包括对竞争品牌的功能性优势分析、品牌的知名度优势分析和消费者对品牌的忠诚度分析，即研究主要竞争品牌通过哪些方面取得品牌优势，这些优势源自哪里。通过对竞争品牌的优势分析，企业可以借鉴强势品牌的某些成功经验，在进行品牌定位时有意识地回避竞争品牌的优势。竞争品牌的劣势分析是企业自身品牌定位的突破口，前提条件是企业有能力将竞争品牌的劣势转化为自身的优势。分析竞争品牌的劣势可以从竞争品牌的功能性、竞争品牌与消费者关系、竞争品牌的发展潜力等方面进行研究。

（3）主要竞争品牌的产品特性及品牌特征

通过分析主要竞争品牌的产品特性，例如，价格、质量、服务等因素，进而分析其品牌特征，找出对目标顾客产生影响的主要因素，可以为企业自身品牌定位提供有益借鉴。

品牌特征是消费者眼中有关某个品牌的全部印象，也就是有关品牌的所有因素集合起来在消费者心目中的反映，是品牌信息穿越消费者生活中固有的许多屏障后最终残留在消费者脑海中的一个关乎品牌的"真实"，这种"真实"在一定的程度上关乎品牌的命运。

（4）市场容量和市场成熟度

作为品牌生存和发展的大环境，市场状况对品牌定位有重大影响，特别是市场容量与市场成熟度对品牌定位有一定的指导意义，市场环境如图 5-3 所示。

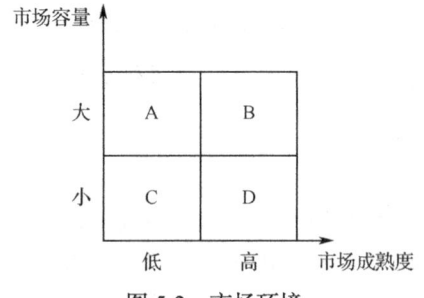

图 5-3　市场环境

在 A 象限，表现为市场容量大，但市场尚处于导入期，这个时期有点类似过去的卖方市场，企业不需要投入很大的精力即在市场中处于优势地位。在这个时期的品牌核心价值多定位于品牌所能给消费者带来的功能型利益，例如，飘柔在刚进入中国时采用"柔顺发质"的品牌诉求即源于此。在 B 象限，这个时期随着市场走向成熟，品牌单一的功能型理念既容易招致竞争对手的围攻，也不利于品牌内涵的增加，为了继续保持品牌的优势地位，品牌策划者应该适时地转换品牌诉求理念。例如，2001 年，面对丝宝集团的猛烈进攻，飘柔果断地将品牌诉求逐渐转移到"自信"这个理念上。在 C 象限，品牌面临的情况是市场容量小、市场发育的成熟度也较低，这个时期品牌最好在竞争者尚未觉醒时，以完善的品牌定位系统作为指导迅速进入该市场，以便确定品牌在这个狭小市场上的优势地位。待市场成熟后即进入 D 象限之后，品牌如果不能保持在该市场上的优势地位，最好抽身而退，因为再完美的品牌定位系统在这个市场上似乎也发挥不了太大的作用。

### 3. 自我分析

要对品牌进行精准的定位，必须基于企业自身的情况来做决策，企业自我分析主要包括以下几方面。

（1）企业战略

品牌定位作为公司品牌战略的一部分，其必然受到整个公司发展战略的影响。也就是说，品牌定位必须与公司的品牌战略相一致，与企业的发展战略相吻合，这样才符合品牌和公司长远的发展要求。

（2）产品

产品是品牌定位的基准和依托点，只有深度地分析与挖掘与产品有关的信息，才能找到最适合自身产品的品牌定位与传播方式，主要包括产品质量、性能、包装、式样、技术、功能以及产品的耐用性、可靠性和安全性等方面。

（3）服务水平

企业现有的服务水平是对企业品牌定位的有力支撑，是企业品牌定位的依据之一。主要包括订货、送货、安装、顾客培训、咨询服务和售后服务等各个方面。

（4）企业形象

企业形象是指企业在消费者心目中的印象感知，以及由此产生的消费者对企业的看法和评价，影响企业形象的主要因素包括企业标志、传播媒体、公共关系和广告宣传等。对企业形象的分析可以帮助企业找出品牌定位的基点。

（5）企业规模

衡量企业规模的指标包括企业现有资金实力、市场占有率、员工人数、销售收入、销售利润率等，企业在进行品牌定位的时候，要根据自身实力和规模来进行。同时，企业规模是一个动态的概念，在品牌定位初期就要对现有企业规模扩张的幅度进行预测。

（6）营销渠道

营销渠道也称营销网络或销售通路。企业销售系统属于企业操作层面，企业品牌定位属于战略层面，而企业现有销售渠道是联结这两个层面的桥梁。

（7）人力资源

企业人力资源指企业现有员工的数量及素质，员工的工作能力、忠诚度、应变能力及沟通能力是企业战略顺畅执行的保证。因此，企业人力资源是企业品牌定位方案执行的保证。

### （二）市场细分和目标市场的选择

#### 1. 市场细分

市场细分是指营销者通过市场调研，依据消费者的需要和欲望、购买行为和购买习惯等方面的差异，把某个产品的市场整体划分为若干消费者群的市场分类过程。每一个消费者群就是一个细分市场，每一个细分市场都是具有类似需求偏好的消费者构成的群体。市场细分的主要依据主要有地理变量、人口变量、心理变量和行为变量。

（1）依据地理变量细分

依据地理变量细分就是按照消费者所处的地理位置、自然环境来细分市场，比如可以用国家、地区、城市规模、气候及人口密度等因素来进行市场细分。地理细分是企业经常采用的一种细分标准。一方面，由于不同地区的消费者有着不同的生活习惯、生活方式、宗教信仰、风俗习惯等偏好，因此需求也是不同的；另一方面，现代企业尤其是规模庞大的跨国企业，在进行跨国或跨区域营销时，地理的差异对营销的成败更显得至关重要。正所谓："橘生淮南则为橘，橘生淮北则为枳。"

（2）依据人口变量细分

依据人口变量细分是根据消费者的年龄、性别、家庭规模、家庭生命周期、收入、职业、受教育程度、宗教信仰、种族以及国籍等因素将市场分为若干群体。由于消费者的需求结构与偏好，品牌的使用率与人口密切相关，同时人口因素比其他因素更易于量化，因此，依据人口变量细分是细分市场中使用最广泛的一种细分，其中，年龄、性别、收入是依据人口变量细分最常用的指标。

（3）依据心理变量细分

依据心理变量细分是根据消费者的心理特征细分市场，包括个性特征、购买动机、价值观念、生活方式、追求的利益等因素，例如，按照人们的生活方式可以将市场细分为传统型、新潮型、奢靡型和活泼型。在依据同一地理变量细分市场中的人可能显示出迥然不同的心理特征。

（4）依据行为变量细分

依据行为变量细分是根据消费者对品牌的了解、使用情况及其反应对市场进行细分。这方面的细分因素主要有以下几项。

- 时机：顾客确定需要购买品牌或使用品牌的时机，例如，结婚、升学、节日等。
- 购买频率：是经常购买还是偶尔购买。
- 购买利益：价格便宜、方便实用、新潮时尚、炫耀等。

5.4 案例

- 使用者状况：曾经使用过、未曾使用过、初次使用、潜在使用者。
- 品牌了解程度：不了解、听说过、有兴趣、希望买、准备买。
- 态度：热情、肯定、漠不关心、否定、敌视等。

企业根据所提供产品或服务的特点选择一定的细分变量，并按此标准进行调查和分析，最终要对感兴趣的细分市场进行描述和概括。当分别使用上述四种细分标准无法概括出细分市场时，就必须考虑综合使用上述四种变量，最终概括出来的细分市场至少应该符合以下要求：

- 细分后的市场必须是具体、明确的，不能似是而非或泛泛而谈，否则就失去了意义。
- 细分后的市场必须是有潜力的市场，而且有进入的可能性，这样对企业才具有意义。

2. 目标市场的选择

企业要在市场细分的基础上对细分出来的子市场进行评估以便确定品牌定位的目标市场。企业评估细分市场的核心是确定细分市场的实际容量，评估时应该考虑三个方面的因素：细分市场的规模、细分市场的内部结构吸引力和企业的资源条件。

（1）细分市场的规模

潜在的细分市场要具有适度需求规模和规律性的发展趋势。潜在的需求规模是由潜在消费者的数量、购买能力、需求弹性等因素决定的，一般来说，潜在需求规模越大，细分市场的实际容量也越大。但是，对企业而言，市场容量并非越大越好。对小企业而言，市场规模越大需要投入的资源越多，而且对大企业的吸引力也就越大，竞争也就越激烈。因此，对于小企业来说，选择不被大企业看重的较小细分市场反而是上策。

（2）细分市场的内部结构吸引力

细分市场的内部结构吸引力取决于该细分市场潜在的竞争力，竞争者越多，竞争越激烈，该细分市场的吸引力就越小。有五种力量决定了细分市场的竞争状况，即同行业的竞争品牌、潜在的新参加的竞争品牌、替代品牌、品牌产品购买者和供应商，这五种力量从供给方面决定细分市场的潜在需求规模，从而影响市场实际容量。如果细分市场竞争品牌众多，且实力强大，或者进入后的退出壁垒较高，并且已经存在替代品牌，该市场就会失去吸引力。

（3）企业的资源条件

决定细分市场实际容量的最后一个因素是企业的资源条件，也是关键性的一个因素。企业的品牌经营是一个系统工程，有长期目标和短期目标，每一步发展都是为了实现其长期目标服务，进入一个子市场只是企业品牌发展的一步。因此，虽然某些细分市场具有较大的吸引力，有理想的需求规模，但是如果和企业的长期发展不一致，企业也应该放弃进入。而且，即使和企业目标相符，但企业的技术资源、财力、人力资源有限，不能保证在该细分

市场的成功，则企业也应该果断舍弃。

### （三）提炼品牌核心价值

品牌核心价值是整个品牌定位系统的核心，始终统率系统各要素的活动，以便使各要素的运行始终在品牌核心价值包含和可控制的范围之内，这样，才能保证品牌定位决策的制订与传播始终以执行和演绎品牌核心价值为目的，才能保证消费者任何一次接受品牌时都能感受到品牌核心价值，保证品牌的每一次传播都是在为消费者心目中的品牌形象做加法，从而在消费者心目中建立鲜明的品牌形象。以品牌核心价值为中心能最大限度地保证品牌定位的连续性与系统性。

品牌核心价值应该同时具备兼容性和差异性两个特征。

#### 1. 兼容性

兼容性是指品牌核心价值可以同时兼容多个产品概念，可以统率多条产品线。产品都有生命周期，每个产品概念都不可能永远处于有效期。品牌核心价值的建立，可以帮助品牌超越个别产品带来的局限，超脱产品衰落带来的影响。品牌核心价值相对产品概念更具有恒久性。

#### 2. 差异性

品牌之间个别产品或者营销手段的差异其实很小，尤其是成熟的行业。品牌的个性与差异性，基本上通过品牌核心价值的差异化来体现。因为核心价值所带动的是一系列的差异点，营造的是整体性的优势，竞争对手的跟进并不是那么容易的。

品牌核心价值的主体是消费价值，消费者认知的主要途径是体验，而不是广告上的大声吆喝。品牌核心价值通常以几个词，或者一个短语的方式来提示，但品牌核心价值不是我们通常以为的品牌口号，而是产品服务、企业运营对某个价值的系统实现。

### （四）品牌定位决策

为了让品牌在消费者心目中占有一个有利的位置，只有品牌核心价值是不够的，因为品牌核心价值往往很抽象，不利于消费者理解和接受，因此，企业必须考虑的一个问题是如何有效地将品牌的核心价值传达给消费者，并被消费者认可和接受，即品牌定位决策。一个有效的品牌定位决策包括六个方面的内容。

#### 1. 定位消费者需求

为了更好地定位消费者需求，企业必须做到：通过定期和消费者交谈、投入定量研究等各种各样的方法来跟上多变的消费者需求；通过将品牌所能带来的物质和心理两方面的需求结合起来，用定量或定性的方法，弄清楚每个需求的重要性的相对排序和被比较品牌的满意水平。

#### 2. 定位目标消费群

目标消费群是"有着一套相似的产品或服务，能满足其需求和要求的、最有可能的潜在消费者"。通过定义目标消费群，品牌定位可以"有的放矢"，将有关的品牌信息有效地传达给目标消费者。传统的方法是通过人口特征将消费者进行细分，但随着营销环境和消费者需求的变化，人口特征这个要素显然是不够的。现在许多成功品牌是根据和需求相关的一种思想意识，而不是根据人口特征来反映目标消费群，例如，佳洁士牙膏品牌定义的目标消费群是关心家人的口腔健康，尤其是想让孩子们防止蛀牙的妈妈们；百事可乐品牌定义的目标消费群是有着一颗年轻的心的人。

3. 定义竞争性框架

竞争性框架也被称为参考性框架，定义竞争性框架即确定品牌在能满足某类消费者需求的产品类别中的位置，其具有内在的竞争性。定义一个包含品牌竞争者的竞争性框架，是品牌定位的重要组成部分。因为竞争性框架不仅使品牌定位具有内在的竞争性，而且可以在广告中以多种方式来创造出有竞争性的品牌印象。品牌竞争性框架的构建方式有以下几种：与相似的产品比较，与产品旧的形式比较，与黄金标准比较，与"鼠群"（较差的产品）比较和与意外之处比较等。

4. 定位益处

益处是消费者从购买和使用品牌的产品或服务中所得到的收益。定位益处为消费者提供了选择产品或服务的根据。因此，益处需要有竞争力，它应该成为消费者心目中希望和能够得到的最有意义的益处。品牌应该依次向消费者传递产品益处、消费者益处、情感益处三种不同级别和梯级的益处；如果本品牌有一个竞争者无法比拟的产品益处时，那就利用这个产品益处；当竞争者也传递相当水平的产品益处时，就应该上升一级去利用消费者益处；当竞争者使你的消费者益处无效时，就应该考虑利用最重要的情感益处。

5. 定位原因

如果上面所说的益处部分是产品销售的卖点的话，那么这里所说的原因就是销售终结的地方。因为它向消费者提供了品牌能够提供这些益处的理由和保证，使消费者相信品牌所承诺的益处。原因可以分为一般的原因和可相信的理由，它们都给品牌定位输入合理的可信性。前者倾向于内在的原因，后者倾向于外在的原因。例如，美国饮料品牌佳得乐所提供的益处和原因为：

- 主要益处：无与伦比的解除口渴和补充营养的能力。
- 原因：独特的等压配方。
- 可相信的理由：由全美篮球协会、主要的棒球联合会、全美曲棍球联合会和全美橄榄球联合会所认可。

6. 定位品牌特征

品牌特征是品牌策划者为品牌设计和创造的非同一般的个性、外观、气质和精神，它是品牌定位的一个重要的策略性武器，给消费者提供了一个选择该品牌另外的理由。当企业有意识地把品牌建成一个能够反映特定群体消费者个性与价值观的品牌时，它就促进了该类消费者和品牌的联系，并和消费者建立起一种潜在的积极的关系。

# 第二节　品牌定位策略

品牌定位是企业之间智慧的较量，但这种较量并不是盲目的，必须讲究策略和方法。将定位信息传递给消费者依赖于通过正确的策略来完成。品牌定位策略的目的是获取竞争优势。市场细分和评估细分市场的过程是认识和选择企业竞争优势的过程，但这种竞争优势不会自动在市场上显示出来，需要企业借助各种手段和策略将之表现出来，这个过程就是企业运用品牌定位策略的过程。定位策略多种多样，但企业常用的有以下几种。

## 一、差异定位策略

差异性定位，就是建立自己的品牌间隔，能够显著区别于竞争对手。具体分为产品特性定位和独特制作定位。

### （一）产品特性定位

产品特性定位，顾名思义，就是要发现、发掘你的产品区别于其他产品的地方，并紧紧抓住这个特性大做文章，将它深深刻在消费者心中。当消费者一看到你的产品，就联想到同类产品当中独一无二的特性，他们自然就会钟情于你的产品。一旦你的产品成了某个特性的代名词，就意味着它在消费者的心中成功地扎下了根。

心理学告诉我们，虽然每个产品都是各种特性的混合体，但是只有一种特性能够广为人知，使其独领风骚。如果你能在消费者的心智中形成自己的特性，人们就会给你附加上很多其他的好处，这就是所谓的光环效应。

利用产品特性定位时以下几点需要特别注意：

第一，产品诉求的特性（利益点）必须是消费者感兴趣的，而非企业的一厢情愿；

第二，以产品特性为导向进行定位时，要使自己的特性定位与其他企业的特性定位区别开来；

第三，如果你确定自己要用其他品牌用过的产品特性，就要 100%肯定自己会比那些品牌做得更好；

第四，利用特性定位时，一定要突出一个"唯一"的主要利益点，而不能同时推出多个特性，否则就会变成没有特性。

5.5　视频讲解

5.6　案例动画

### （二）独特制作定位

独特制作定位法就是以产品在制作工艺或工序上的独特之处，作为品牌定位以及营销、宣传的重点，使之与同类产品形成区隔，达到抢占市场的目的。消费心理学告诉我们，当产品在制作工艺或工序上采用某种"神奇"的手段或程序时，消费者就愿意相信该产品一定具有神奇的功效。

## 二、首席定位策略

首席定位即追求品牌成为本行业中领导者的定位。首席定位的依据是人们对"第一"印象最深刻的心理规律，例如，第一个登上月球的人，第一位恋人的名字，第一次的成功或失败，等等。尤其是在如今信息爆炸的社会里，各种广告、品牌多如过江之鲫，消费者会对大多数信息毫无记忆。根据调查，一般消费者只能回想同类产品中的七个品牌，而名列第二的品牌的销量往往只是名列第一的品牌的一半。因此，首席定位能使消费者在短时间内记住该品牌，并为以后的销售打开方便之门。

5.7 视频讲解

"香飘飘"奶茶的定位就是典型的首席定位策略。香飘飘奶茶的广告语从"全球销量遥遥领先"、"一年销售 3 亿杯，连起来可绕地球一圈"到"一年 12 亿人次在喝"，用意非常明显，用简洁、直观的数字告诉了消费者，自己在杯装奶茶行业是最受欢迎的，从而态度鲜明地宣布了自己奶茶业老大的地位。香飘飘用最直观、最简洁的数字在自己和对手之间划出了一道很难逾越的"鸿沟"，不仅在众多奶茶产品中脱颖而出，并且对潜在的跟进者竖起了坚固的防护网。

但是，在每个行业、每个产品类别里，"第一"只有一个，而厂商、品牌众多，并不是所有的企业都有实力运用首席定位策略，只有那些规模巨大、实力雄厚的企业才有能力运作。对大多数厂商而言，重要的是发现本企业产品在某些有价值的属性方面的竞争优势，并取得第一的定位，而不必非在规模上最大。如果你能先行提出同类产品中的某项与众不同的特性或品质，这项特性就归你所有了。例如，DEC 公司发明了第一台小型电脑，Cray 公司发明了第一台超级电脑，Convex 发明了第一台小型超级电脑，Tandem 发明了第一台容错电脑，Stratus 公司发明了第一台小型容错电脑。在任何一个领域，我们都可以这样无限地细分下去，所以在某种意义上，我们可以去挖掘首席的信息。

5.8 视频广告

此外，运用首席定位是推出新产品最有效的策略之一。新产品具有占据第一的基础。当市场上还没有同类产品或者消费者还没有清醒地认识该产品时，选择该产品最具有优势的形象将之推到消费者面前，并告诉他们：我们是最好的，是你们所需要的。

5.9 视频讲解

### 三、比附定位策略

比附定位是指在行业领导者身边，直接以高姿态展现自己的"个性"，进而靠着市场领导者的名望直接晋级市场第一军团的定位策略，也就是攀附名牌的定位策略。通俗一点儿来说，就是企业通过各种方法，与某个知名品牌建立一个内在联系，从而使自己的品牌迅速进入消费者的心里，从而达到"借鸡生蛋"的目的。

当企业在竞争中处于劣势且对手实力强大不易被打败时，品牌经营者可以另辟蹊径，避免正面冲突，以期获得竞争的胜利。例如，美国阿维斯出租汽车公司强调"我们是老二，我们要进一步努力"。

当企业不能取得第一位和某种有价值的独特属性时，将自己和某个名牌划归为同一范围，强调自己是某个具有良好声誉的小集团的成员之一，也是比附定位的一种方式。例如，美国克莱斯勒汽车公司宣布自己是美国"三大汽车公司之一"，使消费者感到克莱斯勒和第一、第二一样都是知名轿车了，从而缩小了三大汽车公司之间的距离。

比附定位策略有利于品牌的迅速成长，一般适用于品牌成长的初期阶段。比如蒙牛发展初期在传播过程中就应用了比附定位。1999年，蒙牛刚刚成立时，仅有1 300多万元的资金，与伊利、草原兴发这些大品牌相比差距巨大。身形弱小的这头"蒙牛"就是想在内蒙古立足，都非常困难，更不用说全国了。为此，蒙牛做出了"为别人做广告"的决定，它从产品的推广宣传开始就与伊利联系在了一起。蒙牛的第一块广告牌上写的是"做内蒙古第二品牌"。在冰激凌的包装上，蒙牛打出了"为民族工业争气，向伊利学习"的字样。事实上，这些广告看似是对伊利的赞赏，实际上却使蒙牛和乳业第一巨头伊利并驾齐驱，从而在消费者心里留下深刻印象。而且蒙牛这种谦逊的态度、宽广的胸怀，赢得了人们的尊敬和信赖，从而获得了很好的口碑。

在2000年9月，蒙牛投资100多万元，投放了300多幅灯箱广告。广告正面主题为"为内蒙古喝彩"，下书"千里草原腾起伊利集团、兴发集团、蒙牛乳业；塞外明珠辉照宁城集团、仕奇集团；河套峥嵘蒙古王；高原独秀鄂尔多斯；西部骄子兆君羊绒；走遍中国小肥羊……我们为内蒙古喝彩，让内蒙古腾飞"。背面的主题为"我们共同的品牌中国乳都·呼和浩特"，如图5-4所示。实际上，以蒙牛当时的实力、地位和产业规模，这些品牌都令蒙牛难望项背，但蒙牛通过广告使自己与对方平起平坐，使消费者感觉蒙牛与这些品牌一样，也是名牌，也是大企业。蒙牛借伊利等名牌企业的名气提高自身品牌的影响力，无形中就将自己的品牌打了出去。也使自己从一个不起眼儿的小乳品企业，一跃成了知名的品牌企业。蒙牛依靠着比附定位策略，迈出了成功的一步。

图 5-4　蒙牛"为内蒙古喝彩"主题广告

## 四、空当定位策略

空当定位，即寻找为许多消费者所重视的、但尚未被开发的市场空间。任何企业的产品都不可能占领同类产品的全部市场，也不可能拥有同类产品的所有竞争优势。市场中机会无限，就看企业是否善于发掘。谁寻找和发现市场空当的能力强，谁就可能成为后起之秀。例如，在服装行业可以简单划分为两种品牌，一种是诸如 LV、古驰、范思哲这样的顶级奢侈品牌，另一种是诸如 GAP、班尼路这样的大众消费品牌。在这两者之间，ZARA 和 H&M 找到了一个奇特的生存地带。

在品牌形象上，ZARA 和 H&M 更接近于前者。在经济模式上，ZARA 和 H&M 却更接近于后者，获得了与后者一样的规模经济效应。不同的是，GAP 的规模经济效应源自"款少、量多、廉价"的经营路线，而 ZARA 和 H&M 的规模经济效应却是基于"多款、少量、快速"的运营战略。ZARA 和 H&M 作为服装品牌，给人们留下的感性认识是：服装款式更迭的速度非常快，吸引消费者反复光顾店面。ZARA 一年推出上万款服装，并且款式与时尚同步，定价也更接近高档服装品牌。ZARA 的消费者，一年平均光顾店面 17 次左右，而行业平均水平仅为 3~4 次。ZARA 的定位十分明确——快速更新的高档服装品牌。

## 五、对比定位策略

对比定位，即通过与竞争品牌的客观比较来确定自己的市场地位的一种定位策略。在市场经济发达的国家和地区，产品、品牌成百上千，企业要发现市场空当不是一件容易的事情。此时，企业要让自己的品牌在消费者心目中占有一席之地，可以设法改变竞争者品牌在消费者心目中现有的形象，找出其缺点或弱点，并用自己的品牌进行对比。泰诺击败在止痛药市场上占"领导者"地位的阿司匹林，使用的就是这一定位策略。泰诺在广告中说道："有

5.10　视频讲解

5.11　视频讲解

千百万人是不应该使用阿司匹林的。如果你容易反胃，或者有溃疡，或者你患有气喘、过敏或缺铁性贫血，在使用阿司匹林前就必须先向医生求教。阿司匹林能侵蚀四壁、引发气喘或过敏反应，并引起微量肠胃出血。幸运的是有了泰诺……"以此广告，泰诺一举击败了阿司匹林，成为止痛药市场的"领导者"。

以上几种定位策略各有特点，企业在运用时根据实际情况可以结合使用，使之相互补充。

## 本章回顾

品牌定位是在综合分析目标市场与竞争情况的前提下，对其特性、品质和声誉等给予明确界定，建立一个符合原始产品的独特品牌形象，并对品牌的整体形象进行设计、传播，从而在目标消费者心中占据一个独具价值地位的过程或行动。品牌定位为品牌的发展定下了基调和方向。本章界定了品牌定位的概念，分析了品牌定位和产品定位、市场定位的关系，阐述了品牌定位的原则，设计了品牌定位的流程，最后介绍了几种常用的品牌定位策略。

## 问题思考与讨论

1. 根据企业的市场地位，我们可以将市场上的企业分为市场领导者、市场挑战者、市场跟随者和市场补缺者，你认为这几类企业在进行品牌定位时适用于什么定位策略呢？

2. 选择一个你熟悉的品牌，分析它的品牌定位。

3. 你认为在什么情况下，企业要进行品牌定位的调整或改变，即再定位？

## 本章实践任务：为品牌定位

在前面章节的实践任务中，各组为自己的品牌起了名字，设计了品牌标志，申请了商标注册并进行了 VI 设计。通过本章的学习，请大家为你的品牌定位。

提示和要求：参照品牌定位的流程（见第一节图 5-2）完成品牌定位决策。通过小组讨论合作完成实践任务，制作 PPT 并展示最终成果。

品牌定位思路如表 5-1 所示。

表 5-1　品牌定位思路

| 品牌名称（中文/英文） | | |
|---|---|---|
| 品牌定位分析 | 消费者分析 | |
| | 竞争者分析 | |
| | 自我分析 | |
| 品牌与消费者的关系 | 目标市场 | |
| | 品牌价值主张 | |
| 品牌核心价值 | | |
| 品牌定位决策 | 定位消费者的需求 | |
| | 定位目标消费群 | |
| | 定义竞争性框架 | |
| | 定位益处 | |
| | 定位原因 | |
| | 定位品牌特征 | |
| 其他 | | |

 **案例分析**

### 波依定（Plendil）的品牌定位

波依定是一种治疗高血压与心脏病的药物，能够帮助人们降低血压，通常这类药物被称为钙离子阻断剂。在波依定进入市场之前，同类药品已经有12个品牌了。当面临太多的选择时，人们的心智会出现混乱，不知该如何做出选择。也就是说，波依定所在的市场，本来就弄得人们心智混乱。

那么，波依定如何定位，才能从13个品牌中脱颖而出呢？

第一步，对内科医生提出一个问题——你被钙离子阻断剂弄糊涂了吗？当把13个品牌放在内科医生面前时，内科医生的回答肯定是：糊涂了，非常糊涂。

第二步，这个时候，再把事情简化一下，指出这13种药可以分为两代，新一代的药物是二氢吡啶类，这样立即为医生去掉了8个老一代的产品，只剩下了5个品牌。实际上，这是在为那8个品牌进行了重新定位。也就是说，有一半儿以上的品牌是老一代的产品。对于内科医生来说，他们当然喜欢用新一代的药物。

第三步，还剩下5个品牌，在它们当中只有两个一天只需要服用一次。由于多次服用对患者和医生来说都觉得麻烦，所以内科医生喜欢服用简单的药物，这样又淘汰了3个品牌。

第四步，告诉医生，在剩下的这两个品牌中，只有一种药物能够保证"选择血管"，那就是波依定了。这时，医生们一下子就记住了它。这样，就为波依定确立了"选择血管"的定位概念。

于是，波依定所有的营销传播活动都围绕着"选择血管"这个定位视角展开，包括学术推广、医生推荐、改进包装等。经过精巧的定位和传播之后，波依定从13种同类药物中脱颖而出，成为心血管药物的全球领先品牌。

**讨论**

（1）波依定采用了哪种定位策略？

（2）你觉得这种定位策略的应用可能会对行业竞争产生什么影响？

# 第六章

# 制订品牌传播方案

除非你的广告建立在伟大的创意之上，否则它就像夜航的船，不为人所注意。

——奥美广告创始人大卫·奥格威

 **本章提要**

随着市场经济的发展，产品的高度同质化，逐步成熟起来的消费者开始进行认牌消费，品牌成了吸引消费者注意力和维持消费者忠诚的有力武器。"品牌"的感受与评价者是消费者，而品牌的拥有者与经营者是企业，因此，将两者建立有机联系的"品牌传播"成为品牌经营或品牌战略中的关键因素。

通过本章的学习你将了解和掌握以下内容：

● 品牌传播的方式

● 整合营销传播的概念和应用

### 导入案例

2016年8月5日，第31届夏季奥林匹克运动会在巴西里约热内卢拉开帷幕。伴随着奥运圣火的熊熊燃烧，恒丰银行牵手央视奥运频道，开启了其品牌传播的新征程。8月6—21日，"恒丰银行为您而来"的全新形象广告亮相中央电视台CCTV-5奥运频道《奥运新闻》节目（18:00—19:00），涵盖"梦想、征程、未来"三个场景，通过"父女牵手、朋友携手、客户握手"的温馨画面，强化传播恒丰银行新的Logo形象，将企业文化和奥运精神完美结合，与全球观众一起见证奥运盛况，感受恒丰精神。

6.1 视频广告

2013年以来，恒丰银行在全球银行排名、资产规模增长、经营绩效提升、分支机构拓展等方面均取得了令社会各界瞩目的发展成绩，吻合了"更快、更高、更强"的奥运竞技精神。

随着中国经济进入新常态、利率市场化加速、互联网金融新业态的迅猛发展，国内银行业亟须转型升级。正如奥运赛场不断追求卓越的赛手一样，面对竞争激烈的市场环境，恒丰银行主动适应经济新常态，加快转型步伐，在金融赛场不断刷新恒丰成绩单。

2016 年 6 月 30 日，英国《银行家》杂志发布"2016 全球银行 1 000 强"榜单，恒丰银行排名全球第 143 位，较 2015 年大幅提升 27 位。截至 2015 年年底，恒丰银行资产总额达到 1.06 万亿元，增幅 26%；全年实现净利润 81 亿元，增幅 13%，两项指标位居同业前列。在银行业增速普遍放缓的背景下，恒丰银行实现了逆势增长。如同奥运赛场上的"黑马"一般，恒丰银行近年来的快速发展引发各界关注，被称为银行业的"恒丰现象"，展现出朝气蓬勃的发展态势，走向全国，接轨国际，成为银行业改革实践的又一支生力军。正如广告片中所说，"恒丰银行呵护了很多人的梦想，携手了很多人的征程，见证了很多人的未来，在您事业前行的路上，恒丰银行是您值得信赖的合作伙伴！"

如果说"更快、更高、更强"是奥运赛场的竞技理念，那么"拼搏、友谊、共赢"则是奥运会的精神内核，这也与恒丰银行积极倡导的"恒必成，德致丰"的核心价值理念有着异曲同工之处。恒丰银行与奥运精神相呼应的形象广告片登陆央视奥运节目，不仅是向奥运致敬，也表现了恒丰银行敢拼敢赢的精神。

# 第一节　品牌传播的概念和内容

## 一、品牌传播的概念

6.2　视频讲解

品牌从最初的建立到被消费者接受，"传播"是不可缺少的一环。所谓"品牌传播"，就是企业以品牌的核心价值为原则，在品牌识别的整体框架下，选择广告、公关、销售、人际等传播方式，将特定品牌推广出去，以便建立品牌形象，促进市场销售。

品牌传播是企业满足消费者需要，培养消费者忠诚度的有效手段，是企业的核心战略。品牌传播的最终目的就是要发挥创意的力量，利用各种有效发声点在市场上形成品牌声浪，有声浪才有话语权。

通过品牌的有效传播，可以使品牌为广大消费者和社会公众所认知，使品牌得以迅速发展。同时，品牌的有效传播，还可以实现品牌与目标市场的有效对接，为品牌及产品进占市场、拓展市场奠定宣传基础。品牌传播是诉求品牌个性的手段，也是形成品牌文化的重要组成部分。品牌传播的意义表现在以下几个方面。

第一，品牌传播是品牌价值和品牌文化形成的关键因素。好的品牌时刻都在致力于向各个接触点传播相同的品牌信息，消费者对某个品牌的感觉来自该品牌所实施的传播策略的结果。消费者会在各个接触点与该品牌进行一次或多次的"亲密接触"，通过每一次的体验经历决定是否继续对该品牌保持忠诚。品牌的价值与文化就在品牌与消费者的接触过程中逐渐形成、累积。

品牌可以被赋予不同的情感价值与象征意义，品牌可以传递信任感、愉悦、忠诚、真实、纯洁和自然等含义，品牌正是借由传播来实现这种意义的转化。例如，耐克的传奇领袖菲尔·耐特再次接管耐克公司后，开始重新定义耐克的品牌识别。耐克意味着体育运动、竞技水平和合体称身的运动服的想法帮助公司重新判断耐克究竟"是什么"和"不是什么"。另外，耐克与消费者存在着情感联系，这就暗示耐克品牌应该超越产品，落实到运动员们穿着产品时的感觉和体验。

第二，品牌传播创造品牌形象附加值。在现代品牌传播过程中，企业重视如何使用符号创造品牌的附加值。符号是附加值的载体与基础。企业总是希望通过符号工具（如广告、名称、标志）来增加品牌原本所未具有的附加价值，它代表消费者或使用者在使用产品时所增加的满足感的价值。而品牌传播是符号演示与意义传播的过程，它联结品牌与消费者之间的关系，并保持长期的、双向的效果。

例如，苏格兰威士忌品牌尊尼获加在赛事的赞助和主办细节上，非常注意品牌的及时传达和推广。2005年，在上海的F1赛场上，尊尼获加为中国球迷度身定做的宣传品、标语、纪念品反复出现在赛场，使其品牌传播得到相当有效的扩散效应和累积效应，给消费者积淀情感和培养品牌忠诚度打下基础，让其品牌效应在高端的客户群中得以迅速传播。一个成功的品牌，应该在品牌与消费者之间创造一种爱、一种气氛、一种价值，以此创造品牌的附加值。卖酒，是卖品种、卖口味、卖形象，更是卖文化。

第三，品牌传播是国际市场制胜的关键。经济的全球化促使市场的全球一体化，这是人人都能强烈感受到的一种趋势，但这对市场竞争者来说未必都是福音。国际市场上的竞争更多地表现为强者博弈、名牌对决，即跨国公司及其所拥有的品牌之间的竞争。宝洁公司拥有300多个品牌；通用汽车拥有雪佛兰、凯迪拉克、别克、欧宝等多个品牌；可口可乐公司除了拥有可口可乐以外，还有雪碧、芬达、醒目、酷儿等品牌。纵观国际市场上的竞争，主要是跨国公司之间品牌的竞争。可口可乐与百事可乐、通用与福特等品牌之间的战火，几乎燃遍了国际市场的每个角落。品牌传播的效果往往影响着企业在国际市场竞争的成败。

## 二、品牌传播的内容

品牌传播元素构成了品牌传播的主要内容，所以通常也称为品牌传播的"内容要素"。品牌传播元素既有视觉的、具体的，也有感官的和抽象的。

### （一）品牌名称

名称是品牌符号群中的核心要素，也是消费者对品牌印象的第一反应，更是品牌传播内容的起始点和终极目标。一个知名品牌的打造，必须经过长期的、科学的品牌传播过程。而在品牌传播过程中，品牌名称永远是内容的第一

6.3　视频讲解

要素。许多经营者把品牌名称直接嵌入广告语中。例如,"维维豆奶,欢乐开怀",曾经在一年内让4亿人记住了"维维"品牌;"人类失去联想,世界将会怎样?"也伴随着"联想"走向品牌的辉煌。

### (二)视觉元素

从一定意义上说,品牌传播就是视觉符号的流动,而个性化的视觉符号是此品牌区别于彼品牌的首要条件。品牌传播首先是对品牌个性化视觉符号的传播。视觉元素包括标准字体、标准色、包装等内容。品牌标准字体是消费者识别不同品牌的重要视觉符号。品牌标准色是企业理念在外部色彩上的反映,也是企业个性在颜色上的外化。包装是品牌的缩影,一个品牌的树立和传播离不开适合的包装。

6.4 视频广告

### (三)听觉元素

听觉元素不仅是广播广告传播信息、塑造形象的唯一手段,也是影像广告不可或缺的重要元素。在商业品牌案例中,英特尔就是典型。除了几乎在每一台电脑上都能看到英特尔的品牌图形和字体之外,几乎所有的人对广告结尾处极富特色的简短音符都记忆深刻,以至于每当听到这段熟悉的乐声,即使看不到画面,人们也肯定知道这是英特尔品牌的广告。

### (四)抽象元素

在品牌传播过程中,还有一些元素是需要挖掘和提炼的。因为如果只限于一些视觉符号的组合,品牌也就成了一个肤浅干瘪的符号。品牌之所以具有丰富的内涵,根本在于它不仅仅是一个区别生产者的简单符号,而且拥有清晰明确的核心价值、深厚的文化内涵、独特的叙事方式和品牌故事等。

## 第二节 品牌传播的方式

品牌传播有多种方式,品牌经营者主要通过广告传播、公关传播、销售促进和口碑传播等形式来传递、分享品牌内涵。而企业在制订具体的营销传播方案时往往是多种方式的应用。

### 一、广告传播

作为一种主要的品牌传播手段,广告是指品牌所有者以付费方式,委托广告经营部门通过传播媒介,以策划为主体,以创意为中心,对目标受众所进行的以品牌名称、品牌标志、品牌定位、品牌个性等为主要内容的宣传活动。人们了解一个品牌,绝大多数信息是通过广告获得的,广告也是提高品牌知名度、信任度、忠诚度,塑造品牌形象和个性的强有力的工具。

**（一）广告的构成要素**

一个典型的广告由五个要素构成。

1. 广告主

广告主是指发布广告的单位和个人。

2. 广告媒体

广告媒体是指传递信息的载体。

3. 广告费用

广告费用是指广告主开展广告活动所必须支付的各种费用，包括广告调研费、设计制作费、广告媒体费、广告机构办公费以及工作人员的相关支出等。

4. 广告受众

广告受众是广告的对象，即接受广告信息的人。

5. 广告信息

广告信息是指广告的具体内容。

**（二）广告媒体的类型**

广告媒体的种类很多，不同类型的媒体有不同的特性。目前比较常用的广告媒体有以下几种。

1. 报纸

报纸这种广告媒体的优越性表现在以下几方面：

（1）影响广泛，发行量较大；

（2）传播迅速，可以及时地传递信息；

（3）简便灵活，制作方便，费用较低；

（4）便于剪贴存查；

（5）可信度高，借助报纸的威信，能提高广告的可信度。

报纸媒体的不足有以下几方面：

（1）因为报纸登载内容庞杂，所以容易分散对广告的注意力；

（2）印刷不精美，吸引力低；

（3）广告时效短，重复性差，只能维持当期效果。

2. 杂志

杂志以登载各种专门知识为主，它作为广告媒体的优点有以下几方面：

（1）广告宣传对象明确，针对性强，有的放矢；

（2）广告附于杂志而有较长的保存期，读者可以反复查看；

（3）因为杂志发行面广，所以可以扩大广告的宣传区域；

（4）由于杂志读者一般有较高的文化水平和生活水平，比较容易接受新事物，所以有利于刊登开拓性广告；

（5）印刷精美，能较好地反映产品的外观形象，容易引起读者注意。

其缺点表现在以下几方面：

（1）发行周期长，灵活性较差，传播不及时；

（2）读者较少，传播不广泛。

### 3．广播

广播媒体的优越性有以下几方面：

（1）传播迅速、及时；

（2）制作简单，费用较低；

（3）具有较高的灵活性；

（4）听众广泛，不论男女老幼、是否识字，均能受其影响。

使用广播做广告的局限性在于以下几方面：

（1）时间短促，转瞬即逝，不便于记忆；

（2）有声无形，印象不深；

（3）不便于存查。

### 4．电视

电视作为广告媒体虽然在20世纪40年代才出现，但是因为其有图文声并茂的优势，所以发展很快。具体来说，电视广告媒体的优点有以下几方面：

（1）因为电视有形、有色，听视结合，所以使广告形象、生动、逼真、感染力强；

（2）电视广告的宣传范围广，影响面大；

（3）宣传手法灵活多样，艺术性强。

电视广告媒体的缺点有以下几方面：

（1）时效短，不易存查；

（2）制作复杂，费用较高；

（3）因为播放节目和广告多，所以容易分散受众的注意力。

### 5．邮寄

邮寄广告的优点有以下几方面：

（1）对象明确，有较强的选择性和针对性；

（2）提供信息全面，有较强的说服力；

（3）具有私人通信性质，容易联络感情。

邮寄广告的缺点表现在以下几方面：

（1）宣传面较小并有可能忽视了某些潜在的消费者；

（2）不容易引起注意；

（3）广告形象较差，有可能成为"三等邮件"。

### 6．互联网和移动互联网

将一种传播媒体推广到5 000万人，收音机用了38年，电视用了15年，而互联网仅用了5年。互联网和移动互联网的发展为品牌传播提供了更多的选择，包括视频类网站，音乐类网站，资讯、新闻类网站，论坛资源分享类网站，工具类网站，购物、求职、婚介类网站，微博，微信，各类自媒体及公众号等。网络广告有其得天独厚的优势，表现在以下几方面：

（1）互联网传播范围广，网络广告可以跨越时空，有广泛的传播力；

（2）内容详尽，交互查询，互动性和针对性强，无时间约束；

（3）广告效果容易统计；

（4）广告费用较低。

网络广告的不足之处表现在：任何用户使用互联网学习或娱乐时都有自己真正的意图，广告占据了用户的部分注意力，因此在绝大多数的情况下，广告都是让用户厌烦的。

### 7. 户外广告

户外广告的优点是醒目、容易引人注意、复现率高、能够对目标顾客反复宣传。而宣传范围小、广告形式比较简单则是户外广告不可忽视的缺点。尽管户外广告所能展现的品牌传播元素没有那么丰富，但是仍然有很多品牌选择用户外广告进行宣传推广，并不断地尝试新的表现形式，如图 6-1所示为阿迪达斯的户外广告。

6.5　户外广告

图 6-1　阿迪达斯的户外广告

现在的广告种类越来越多，除了上面介绍的几种以外，还有手机短信广告，以电梯、橱窗、车船等为载体的广告，植入到电影、电视剧中的广告等。我们身处一个处处有广告的世界，新的广告媒体和广告形式不断涌现。

### （三）广告媒体的选择

不同的广告媒体有不同的特性，这决定了企业必须对广告媒体进行正确的选择，否则将影响广告效果。正确地选择广告媒体，一般要考虑以下影响因素。

### 1. 产品的性质

不同性质的产品有不同的使用价值、使用范围和宣传要求。生产资料和生活资料、高技术产品和一般生活用品、价值较低的产品和高档产品、一次性使用的产品和耐用品等都应该采用不同的广告媒体。通常，对高技术产品

6.6　视频讲解

进行广告宣传，应该面向专业人员，多选用专业性杂志。而对一般生活用品进行广告宣传，则适合选用能直接传播到大众的广告媒体，例如，广播、电视等。

### 2. 消费者接触媒体的习惯

选择广告媒体时，还要考虑目标市场消费者接触广告媒体的习惯。例如，对儿童用品进行广告宣传，宜选择电视作为媒体；面向女性市场进行广告宣传，选择女性喜欢阅读的杂志或女性喜欢看的电视节目，效果较好，也可以在商店布置橱窗或展销。

### 3. 媒体的传播范围

媒体传播范围的大小直接影响广告信息传播区域的宽窄。在全国销售的产品，应选择全国性的报纸、杂志、广播、电视等作为广告媒体；属于地方性销售的产品，可以通过地方性报刊、电台、电视台、霓虹灯等传播信息。

### 4. 媒体的影响力

广告媒体的影响力是可以量化的，比如报刊的发行量、电视的收视率、广播的收听率、网站的点击量等。选择广告媒体应该把目标市场与媒体影响力结合起来，能影响到目标市场每一个角落的媒体是最佳选择。这样一来，既能使广告信息传递效果最佳，又不会造成不必要的浪费。

### 5. 媒体的费用

各广告媒体的收费标准不同，即使同一种媒体，也会因为传播范围和影响力的大小而有价格差别。考虑媒体费用时，除了考虑绝对费用以外，还应该注意其相对费用，即广告促销效果。例如，如果使用电视做广告需要支付20 000元，预计目标市场收视者2 000万人，则每千人支付广告费是1元；若选用报纸作为媒体，费用10 000元，预计目标市场收阅者500万人，则每千人广告费为2元。两者相比较，应该选用电视作为广告媒体。

总之，要根据广告目标的要求，结合各广告媒体的优缺点，综合考虑上述各影响因素，尽可能选择使用效果好、费用低的广告媒体。

### （四）广告的设计原则

广告效果不仅取决于广告媒体的选择，还取决于广告设计的质量。高质量的广告一般遵循下列原则来设计。

### 1. 真实性

广告的生命在于真实。虚伪、欺骗性的广告，必然会使企业的信誉丧失。广告的真实性体现在两个方面：一方面，广告的内容要真实，即广告的语言文字要真实，不宜使用含糊、模棱两可的言辞，画面也要真实，并且两者要统一起来，艺术手法修饰要得当，以免广告内容与实际情况不相符合；另一方面，广告主与广告商品也必须是真实的，不应该是虚构的。企业必须依据真实性原则设计广告，这也是一种商业道德和社会责任。

6.7 视频讲解

2. 社会性

广告是一种信息传递，在传播信息的同时，也传播了一定的思想意识，必然会潜移默化地影响社会文化、社会风气。从一定的意义上说，广告不仅是一种促销形式，而且是一种具有鲜明思想性的社会意识形态。广告的社会性体现在广告必须符合社会文化、思想道德的客观要求。具体来说，广告要遵循党和国家的有关方针、政策，不违背国家的法律、法令和制度，有利于社会主义精神文明，有利于培养人民的高尚情操，严禁出现带有中国国旗、国徽、国歌标志、国歌音响的广告内容和形式，杜绝损害我国民族尊严的，甚至反动、淫秽、迷信、荒诞内容的广告。

3. 针对性

广告的内容和形式要富有针对性，即对不同的商品、不同的目标市场要有不同的内容，采取不同的表现手法。由于各个消费者群体都有自己的喜好和风俗习惯，所以为了适应不同消费者群体的不同特点和要求，广告要根据不同的广告对象来决定广告的内容与形式。

4. 感召性

广告是否具有感召力，最关键的因素是诉求主题。广告的诉求点必须与产品的优势点、与目标顾客购买产品的关注点一致。产品有很多属性，有的是实体方面的（如性能、形状、成分、构造等），有的是精神感受方面的（如豪华、朴素、时髦、典雅等），但目标顾客对产品各种属性的重视程度并不一样。这就要求企业在从事广告宣传时，应该突出宣传目标顾客最重视的产品属性或购买该种产品的主要关注点，否则难以激发顾客的购买欲望。

5. 简明性

广告的受众对象是广大消费者及社会公众。在信息爆炸的时代，消费者接受和处理信息量的能力有限，所以广告不应该给受众带来太大的视觉与听觉上的辨识压力。简短、清晰明了地点明品牌个性是品牌广告设计的客观要求。例如，宝洁公司的海飞丝宣传的是"头屑去无踪，秀发更出众"，飘柔是"头发更飘、更柔"，潘婷则是"拥有健康，当然亮泽"。显然，注重简明性的广告，使广告接受者能够在较短的时间内理解广告主的传播意图，了解品牌个性，有利于提高广告传播效果。

还需要说明的是，互联网广告（尤其是旗帜型网络广告）更应该注意简明性。广告内容的句子要简短，尽可能采用目标受众熟悉的习语，直截了当，避免长句，不宜过于文绉绉。

6. 艺术性

广告既是一门科学，也是一门艺术。广告把真实性、思想性、针对性寓于艺术性之中。广告利用科学技术，吸收文学、戏剧、音乐、美术等各学科的艺术特点，把真实的、富有思想性、针对性的广告内容通过完善的艺术形式表现出来。只有这样，才能使广告像优美的诗歌，像美丽的图画，成为精美的艺术作品，使人受到感染，增强广告的效果。这就要求广告设计要构思

6.8　视频广告

新颖，语言生动、有趣、诙谐，图案美观大方，色彩鲜艳和谐，广告形式要不断地创新。

### （五）广告效果的测定

广告效果是指广告信息通过广告媒体传播后对社会和企业所能产生的影响。广告效果包括两个方面：一是信息沟通效果；二是销售效果。对这两种效果进行评价和测定有利于企业有效地制订广告策略，提高广告的经济效益。

**1. 广告沟通效果的测定**

沟通效果的测定主要是针对广告对消费者的知晓、认知和偏好所产生的影响的测定。其目的在于确定广告是否正在产生有效的沟通。其内容一般包括以下几个方面。

（1）对广告注意度的测定

对广告注意度的测定是指各种广告媒体吸引人的程度和范围，主要测定读者比率、收听率、收看率、点击率等。

（2）对广告记忆度的测定

对广告记忆度的测定是指消费者对于广告的主要内容，例如，企业名称、产品名称、广告语等记忆度的测定，从中检查广告主题是否鲜明、突出。

（3）对广告理解度的测定

对广告理解度的测定是指消费者对于广告内容、形式理解度的测定，从中可以检查广告的设计和制作过程中存在的问题并加以解决。

（4）对购买动机形成的测定

对购买动机形成的测定是指了解广告与消费者购买动机形成之间的关系，进而研究广告在促销中的作用，为企业调整营销策略提供依据。

**2. 广告销售效果的测定**

广告沟通的效果不等于广告的销售效果，沟通效果良好不意味着就能提高销量。因此，越来越多的企业在关注广告沟通效果的同时，开始关注广告对企业销售的直接促进作用。在对广告的销售效果进行测定时，企业经常会将广告费用的增加与销售额的增加进行比较，其计算公式是：

$$广告效果比率=销售额增加率÷广告费用增加率$$

由于影响销售增加的因素复杂，因此在对广告销售效果进行评价时，要对影响销售增加的因素进行充分分析。

## 二、公关传播

6.9　视频讲解

公共关系简称"公关"。按照美国公共关系协会的理解，公共关系有助于组织（企业）和公众相适应，包括设计用来推广或保护一个企业形象及其品牌产品的各种计划。也就是说，公共关系是指企业在从事市场营销活动过程中正确处理企业与社会公众的关系，以便树立品牌及企业的良好形象，从而促进产品销售的一种活动。

公共关系是企业形象、品牌、文化、技术等传播的一种有效解决方案，包含投资者关系、员工传播、事件管理以及其他非付费传播等内容。

公关是针对特定目标对象群，建立共同价值，以便赢得信任的科学。这个特定的目标群既可以是政府，也可以是意见领袖；既可以是企业内部员工，也可以是普通消费者。作为品牌传播的一种手段，公关利用第三方的认证，为品牌提供有利信息，从而教育和引导消费者。公关与广告不同，广告可以用王婆卖瓜的方式带给品牌知名度，而公关利用第三方的认证和受众的评论为品牌建立长久的美誉度及信任感。

### （一）公共关系的活动方式

公共关系的活动方式是指以一定的公关目标和任务为核心，将若干种公关媒介与方法有机地结合起来，形成一套具有特定公关职能的工作方法系统。按照公共关系的功能不同，公共关系的活动方式可以分为以下五种。

1. 宣传性公关

宣传性公关是指运用报纸、杂志、广播、电视等各种传播媒介，采用撰写新闻稿、演讲稿、报告等形式，向社会各界传播企业有关信息，以便形成有利于企业形象的社会舆论导向。这种方式传播面广，对推广企业形象效果较好。

2. 征询性公关

这种公关方式主要通过开办各种咨询业务、制订调查问卷、进行民意测验、设立热线电话、聘请兼职信息人员、举办信息交流会等形式，逐步形成效果良好的信息网络，再将获取的信息进行分析研究，为经营管理决策提供依据，为社会公众服务。

3. 交际性公关

交际性公关是指通过语言、文字的沟通，为企业广结良缘，巩固传播效果，可以采用宴会、座谈会、产品发布会、招待会、谈判、专访、慰问、电话、信函等形式。交际性公关具有直接、灵活、亲密、富有人情味儿等特点，能深化交往层次。

一般来说，企业在产品发布会上发布的信息对于记者具有较高的新闻价值，使记者乐于报道。公司也乐于通过产品发布会等形式来宣传产品或服务，吸引媒体对新产品进行免费宣传，使产品信息见诸新闻报道。例如，苹果电脑公司推出新款 iPod，数天之内，这个新闻就传遍全球。需要注意的是，在这种发布会之前，事先必须准备产品资料并向记者发放，以便记者了解发布会的背景。

4. 服务性公关

服务性公关是指通过各种实惠性服务，以行动去获取公众的了解、信任和好评，以便实现既有利于促销又有利于树立和维护企业形象与声誉的活动。企业可以采取各种方式为公众提供服务，例如，消费指导、消费培训、免费修理等。事实上，只有把服务提到公关这个层面上来，才能真正做好服务工作，才能真正地把公关转化为企业的全员行为。

**5. 赞助性公关**

赞助性公关是指通过赞助文化、教育、体育、卫生等事业，支持社区福利事业，参与国家、社区重大社会活动等形式来塑造企业的社会形象，提高企业的社会知名度和美誉度的活动。这种公关方式的公益性强，影响力大，但成本较高。企业的赞助活动既可以是独家赞助（或者称为单一品牌赞助），也可以是联合赞助。

**（二）公共关系的工作程序**

开展公共关系活动，其基本程序包括调查、计划、实施、检测四个步骤。

**1. 公共关系调查**

公共关系调查是公共关系工作的一项重要内容，是开展公共关系工作的基础和起点。通过调查，能了解和掌握社会公众对企业决策与行为的意见。据此，可以基本确定企业的形象和地位，为企业监测环境提供判断条件，为企业制定合理决策提供科学依据。公关调查内容广泛，主要包括企业形象调查、企业现状调查、社会环境调查和竞争对手调查。

**2. 公共关系计划**

公共关系计划是一项长期性工作，合理的计划是公关工作持续高效的重要保证。在制订公关计划时，要以公关调查为前提，依据一定的原则来确定公关工作的目标，并制订科学、合理、可行的工作方案，例如，具体的公关项目、公关策略等。

**3. 公共关系实施**

公共关系实施是整个公关活动的主体环节。为了确保公共关系实施的效果最佳，正确地选择公共关系媒介和确定公共关系的活动方式是十分必要的。公关媒介应该依据公共关系工作的目标、要求、对象和传播内容以及经济条件来选择。确定公关的活动方式，宜根据企业的自身特点、不同的发展阶段、不同的公众对象和不同的公关任务来选择最适合、最有效的活动方式。

**4. 公共关系检测**

公共关系实施效果的检测，主要依据社会公众的评价来进行。通过检测，能衡量和评估公关活动的效果，在肯定成绩的同时，发现新问题，为制订和不断地调整企业的公共关系目标、公共关系策略提供重要依据，也为确保企业的公共关系成为有计划的持续性工作提供必要的保证。

## 三、销售促进

销售促进是指企业在短期内刺激消费者或中间商对某种或几种产品或服务产生大量购买的促销活动。典型的销售促进活动一般用于短期的促销工作，其目的在于解决目前某个具体的问题，采用的手段往往带有强烈的刺激

6.10 案例

6.11 视频讲解

性，因此销售促进活动的短期效果明显。

销售促进传播是指通过鼓励对产品和服务进行尝试或促进销售等活动而进行品牌传播的一种方式，其主要工具有赠券、赠品、抽奖等。与广告和公共关系相比，销售促进是一种辅助性质的、非正规性的促销方式，虽然能在短期内取得明显的效果，但是它不能单独使用，常常需要与其他方式配合使用。销售促进的优点在于短期效果明显。一般来说，只要能选择合理的销售促进方式，就会很快地收到明显增加销售的效果，而不像广告和公共关系那样，需要一个较长的时期才能见效。因此，销售促进适合在一定时期、一定任务的短期性促销活动中使用。

采用销售促进方式促销，似乎迫使消费者产生"机会难得，时不再来"之感，进而能打破消费者需求动机的衰变和购买行为的惰性。然而销售促进的一些做法也常使消费者认为企业有急于抛售的意图。若频繁使用或使用不当，则往往会引起消费者对产品质量、价格产生怀疑。因此销售促进传播主要用来吸引品牌转换者，它在短期内能产生较好的销售反应，但很少有长久的效益和好处，尤其是对品牌形象而言，大量使用销售促进会降低品牌忠诚度，增加顾客对价格的敏感，淡化品牌的质量概念，促使企业偏重短期行为和效益。

不过对小品牌来说，销售促进传播会带来很大好处，因为小企业负担不起与市场领导者相匹配的大笔广告费，通过销售方面的刺激，可以吸引消费者使用该品牌。

为了鼓励老顾客继续购买、使用本企业的产品，激发新顾客试用本企业的产品，销售促进的方式多种多样，例如，派发样品、送赠品、派发优惠券、降价优惠、抽奖、以旧换新等。企业需要根据各种方式的特点、目标市场的类型及市场环境等因素选择适合本企业的销售促进方式。

## 四、口碑传播

在现实生活中，我们会发现，面对潜在的消费风险，消费者宁愿相信亲朋好友的口碑传播，也不愿相信广告，尤其是那些总价高昂或消费周期长的耐用消费品，例如，房地产、汽车、家电等。正所谓"金杯、银杯不如客户的口碑"，这就是口碑的威力所在。

6.12　视频讲解

口碑传播是指一个具有感知信息的非商业传播者和接收者关于一个产品、品牌、组织和服务的非正式的人际传播。心理学家指出，家庭与朋友的影响、消费者直接的使用经验、大众媒介和企业的市场营销活动共同构成影响消费者态度的四个因素。由于在影响消费者态度和行为中所起的重要作用，口碑被誉为"零号媒介"。口碑被现代营销人士视为当今世界最廉价的信息传播工具和具有较高可信度的宣传媒介。

口碑传播是人与人之间最直接的沟通，口碑传播是形成品牌美誉度的重要途径，口碑传播一般分为以下几个阶段。

### （一）精准找点

口碑点是指广大客户在使用产品或接受服务后褒奖或批评的关键点。例如，Google 的口碑点是"简单实用、准确客观"，马自达汽车的口碑点是"性价比高"。口碑传播的关键是找准口碑点，操作要点如下。

**1. 控制数量**

对于口碑点，一般不要超过三个，甚至一个即可。实际上，口碑点越"精"越"少"，越容易形成口碑。可以这样说，只要找到了产品或服务的最大卖点，也就找到了口碑点。

**2. 把握质量**

在产品或服务的众多卖点中，能长期影响客户的购买观念，能引起其共鸣的卖点最适合被确定为口碑点，也就是说口碑点要具备敏感性与长期性，否则不足以使之成为口碑。

**3. 注意差异**

口碑传播不但要能体现产品或服务的最大卖点，还要与竞争对手形成差异。要注意以下几个原则：

第一、核心卖点的差异；

第二、可以触摸的差异，即客户可以得到的体验的差异；

第三、可传播的差异，即在传播过程中表述清晰性的差异。

**4. 排除负面隐患**

口碑具有双重性，即正面口碑和负面口碑。负面口碑可能来自客户的不满意，以及一些恶作剧者，甚至还来自竞争对手放出的流言，企业要注意口碑点不要被竞争对手所利用。

### （二）制造口碑

口碑是自发形成的，但这并不意味着企业不能主动去制造并培育口碑。在企业找准口碑点后，就可以围绕口碑点去制造口碑了。

**1. 服务**

服务最容易制造并培育口碑，而口碑的形成需要一个过程，要征服消费者就得让其心服口服。如何用服务制造口碑传播呢？

一是把服务体系化，通过完善的服务体系提升服务效率，全面降低消费者的金钱、时间、精力和体力成本，为消费者创造价值。

二是服务细节化，把企业服务工作全面细节化，通过系统化的细节服务，让消费者感觉到来自细微之处的真情。

**2. 情感关怀**

品牌有物质层面与精神层面，消费者不仅需要得到产品功能的满足，还要得到精神上的满足。在这个情感消费、感动消费的时代，企业要善于走情感路线。

一是基本的情感关怀，即对消费者本人予以情感关怀，通过主动、热情、周到甚至超乎消费者预期的销售服务让消费者感动，例如，东风日产即便是在汽车行业竞争进入最激烈的时刻也能连创佳绩，就是因为每一名员工都有情感营销的意识，对客户的关怀无微不至，因此赢得了"极为细心"的口碑。

二是延伸性情感关怀，即对消费者的家属给予情感关怀，例如，汽车厂商发起的"为购车者的子女提供助学金"活动。

### 3．品质

客户无论是购买产品还是接受服务，最关注的是品质，因此最核心的口碑来自产品或服务的品质。为了制造品质口碑，不妨从以下几个方面做出努力。

一是让消费者长期体验到品质的稳定性，只有始终如一才容易形成口碑。

二是传播品质，即围绕品质提炼出 1～3 个特点，并坚持长期传播。

三是不断地吸引潜在的消费群体，可以利用老客户带动潜在客户，并为潜在客户提供免费或优惠的体验品质的机会。

四是让客户参与产品或服务生产的全过程，从材料、环境、工艺、设备到经营管理。

### 4．文化

卖产品的高级层次是卖文化，文化能为企业塑造口碑。有利于口碑形成的文化有多种，一是诚信文化，这在品牌诚信缺失的大环境下显得尤其重要；二是时尚文化，如果企业总能做到引领时尚，那么对于其产品，消费者可能会产生"时髦、潮流"的口碑；三是工艺文化，某些手工制品会让消费者产生"自然、珍稀"的口碑，很多奢侈品都以此为基点制造口碑，例如，瑞士手表。

### 5．反转事件

所谓"反转事件"是指通过策划一些具有关联性、原创性、震撼性的事件来传播口碑。不过，"反转事件"并不一定是对企业有利的"好事"，也可以是一些"麻烦事"，即便是危机事件，企业如果做得好也可以树立口碑。诸如汽车厂商对问题汽车产品主动实施的召回，如果操作得当也会树立良好的口碑。不过更多的时候企业是通过建立正面事件与口碑点的关联性来制造口碑，尤其是那些让消费者、媒体等社会力量亲眼见证的事件，更容易形成口碑传播。

### 6．体验

通过让消费者体验或亲身感受最能达到让其信服的效果，使他们在体验后把感受传达给其他人，这是制造口碑的绝佳路径。建立体验的方式很多，一是建立品牌体验基地，例如，IT 行业的索尼数码馆、汽车行业的奥迪品位车苑；二是提供免费或优惠试用的机会，如提供体验装、试用装；三是亲身见证，例如，参观原料基地、生产车间，让见证者成为传达者。

### （三）传播流行

制造口碑不是目的，让口碑流行起来才是目的。虽然口碑可能是自发形成的，但是口碑的流行还需要企业采取必要的传播策略。

#### 1. 网络传播

近年来，越来越多的网络营销人员在尝试使用口碑传播和病毒传播。这里所说的网络是指"大网络"的概念，不仅包括互联网，还包括手机网络、数字电视网、Web 2.0 的网络应用（博客、移动博客、RSS 等）、分众传媒网等基于新技术构建的新媒体。利用它们可以实现口碑的多平台互动传播及高效渗透，使其在目标受众中产生强大的影响力。就互联网而言，可以立足门户网站、垂直网站和企业网站，利用网络公共社区、企业品牌专区、网上路演、开设地方板块、举办公众性活动、网站栏目赞助等方式对口碑进行传播。

#### 2. 新闻、活动与内部传播

公共关系传播口碑的渗透力比较强，一是借助新闻传播口碑，包括动态新闻、采访稿、通讯、专访等形式；二是借助大型公众活动，主要利用企业与客户的互动性活动，以及客户之间的互动交流活动，诸如客户联谊会、经销商大会等；三是开展企业内部传播，利用好企业内部传播阵地，例如，企业会议、宣传栏、内刊等，还可以通过内部员工这个"传播源"，设立企业内部"代言人"，先让员工成为消费者，再成为口碑的传播者，影响其周边群体，在这方面，安利公司最为典型，员工要首先使用安利产品，再推广产品。

#### 3. 俱乐部传播

俱乐部会员之间往往是面对面进行沟通与交流的，有利于传播口碑。目前，很多企业都成立了俱乐部，尤其是需要建立良好客户关系的服务业，诸如航空、汽车、零售、酒店等行业，这些企业还经常针对会员组织集体活动。利用俱乐部制造口碑有四个操作点：一是让老客户（会员）向新会员传播；二是邀请意见领袖与会员之间进行互动传播；三是通过俱乐部开展体验活动，以便体验传播口碑；四是通过俱乐部的传播载体（如内部报纸、会刊）塑造企业良好的口碑。

#### 4. 意见领袖传播

6.13　扩展学习

任何一个消费群体都存在意见领袖，即令消费群体信服并能引导消费的权威人物，意见领袖是某个阶层、群体、地域或家族内的行动榜样。意见领袖既可以是专业权威媒体，还可以是明星代言人、虚拟代言人、权威专家、典型客户等。专业权威媒体能引领一个行业的消费风尚，明星代言人主要是对与其气质、性格相匹配的品牌发挥引领作用，权威专家则能对专业领域里的购买或消费行为发挥导向与指导作用，而典型客户是品牌的最佳传播与沟通者，极有说服力。

所以进行口碑传播的关键就是找准意见领袖并进行有针对性的公关。选定后采取免费试用、利益诱导、价值评判及服务保障等各方面的措施说服他接受产品，并积极在其影响范围内传播有利的产品信息，影响他人购买产品。优质的产品和服务能让意见领袖与企业保持长期的良好关系，并成为品牌的积极传播者与忠实顾客，由此带来的将是高度的品牌忠诚与销量提升。但在传播的同时我们必须严密跟踪与控制有关品牌的负面口碑传播，一旦发现就应该立即采取措施进行补救或控制它的影响范围，并调查形成负面口碑的原因，最终采取适当的方式进行调控，否则将给品牌带来极其不利的影响。

口碑营销最佳的例证就是安利，它的年销售额曾经在中国市场傲视群雄。但根据安利传播政策的改革可以看出，口碑传播毕竟有其一定的局限性，需要利用大众媒体配合品牌传播，两者的有机结合将无往而不胜。

品牌传播的效果与传播方式的选择及设计密切相关，如果传播方式选择不当、设计不合理，就不可能收到好的传播效果。因此，企业在进行品牌传播时，一定要把传播方式的选择和设计放在重要的位置上。此外，在信息无处不在的时代，如何有效地传播信息是所有市场个体必须直面的问题。我们进行信息传播的方式不只是上面所提到的几种，每个个体通过对自身与市场的分析，可以采取更适合于己的特色传播方式。在竞争激烈的时代，差异化是有效的生存之道。在进行商业传播的过程中，我们不能只关注某一种方法，而应通过几种方法的整合与演化来进行。

6.14 案例

# 第三节　整合营销传播

1992 年，全球第一部整合营销传播( Integrated Marketing Communication，IMC ) 专著《整合营销传播》问世，作者是美国西北大学教授唐·E.舒尔茨及其合作者斯坦利·I.田纳本、罗伯特·F.劳特朋。整合营销传播一方面把广告、促销、公关、直销、CI、包装、新闻媒体等一切传播活动都涵盖到营销活动的范围之内，另一方面则使企业能够将统一的传播资讯传达给消费者。所以，整合营销传播也被称为 "Speak with One Voice"（用一个声音说话），即营销传播的一元化策略。

整合营销传播的开展，是 20 世纪 90 年代营销界最为重要的发展，整合营销传播理论也得到了企业界和营销理论界的广泛认同。整合营销传播理论作为一种实战性极强的操作性理论，兴起于商品经济最发达的美国。在经济全球化的形势下，近几年来，整合营销传播理论也在中国得到了广泛的传播。

## 一、整合营销传播的概念

整合营销传播理论是随着营销实践的发展而产生的一种概念，因此其概念的内涵也随着实践的发展不断地丰富和完善。在过去几年内，整合营销传播在世界范围内吸引了营销人员、传播从业者和其他领域专家学者的广泛注

6.15　视频讲解

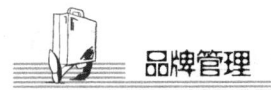

意。一直以来，整合营销传播实践者、营销资源提供者和营销效果评价者以各种方式，从不同的角度来定义和研究整合营销传播。

美国广告公司协会是这样对整合营销传播进行定义的："整合营销传播是一个营销传播计划概念，要求充分认识用来制订综合计划时所使用的各种带来附加值的传播手段，例如，普通广告、销售促进和公共关系等，并将之结合，提供具有良好的清晰度、连贯性的信息，使传播影响力最大化。"

美国南卡罗来纳大学教授特伦奇·希姆普认为："整合营销传播是制订并执行针对顾客或未来顾客的各种说服性传播计划的过程。整合营销传播的目标在于影响有选择的受众的行为。整合营销传播学认为，一个顾客或一个未来顾客在产品或服务方面与品牌或公司接触的一切来源均是未来信息潜在的传播渠道。进而，整合营销传播利用与顾客或未来顾客相关的并有可能被接受的一切形式进行传播。总之，整合营销传播开始于顾客或未来顾客，然后根据顾客反馈来确定说服性传播计划的形式与方法。"

美国学者舒尔茨·唐列巴姆和劳特·鲍恩也给出了他们的观察结论："整合营销传播是一种看待事物整体的新方式，而过去我们只看到其中的各个部分，比如广告、销售促进、人员沟通、售点广告等。整合营销传播是重新编排的信息传播，使它看起来更符合消费者看待信息传播的方式，像一股从无法辨别的源泉流出的信息流。"

学者托马斯·罗索和罗纳德·莱恩认为："整合营销传播是指将所有传达给消费者的信息，以有利于品牌的形式呈现，包括广告、销售促进、事件营销、包装，对每一条信息都应该使之整体化和相互呼应，以便支持其他关于品牌的信息或印象。如果这个过程成功了，那么它将通过向消费者传达同样的品牌信息而建立品牌资产。"

在对整合营销传播进行研究的过程中，科罗拉多大学整合营销传播研究生项目主任汤姆·邓肯引入了"利益相关者"的概念来解释整合营销传播："整合营销传播是指企业或品牌通过发展与协调战略传播活动，使自己借助各种媒介或其他接触方式与员工、顾客、投资者、普通公众等利益相关者建立建设性的关系，从而建立和加强他们之间的互利关系的过程。"

整合营销传播理论的先驱、全球第一本整合营销传播专著的第一作者唐·E.舒尔茨教授根据对组织应该如何展开整合营销传播的研究，并考虑到营销传播不断变动的管理环境，给整合营销传播下的定义为："整合营销传播是一个业务战略过程，它是指制订、优化、执行并评价协调的、可测度的、有说服力的品牌传播计划，这些活动的受众包括消费者、潜在顾客、内部和外部受众及其他目标。"这个定义与其他定义的不同之处在于，它将重点放在商业过程上，这最终将形成一个封闭的回路系统，它深入地分析消费者的感知状态及品牌传播情况，最重要的是它隐含地提供了一种可以评价所有广告投资活动的机制，因为它强调消费者及潜在顾客对组织的当前及潜在的价值。

唐·E. 舒尔茨分别对内容整合与资源整合进行了表述。他认为内容整合包括以下几个方面：

- 精确区分消费者——根据消费者的行为及对产品的需求来区分。
- 提供一个具有竞争力的利益点——根据消费者的购买诱因。
- 确认目前消费者是如何在心中对品牌进行定位的。
- 建立一个突出的、整体的品牌个性，以便消费者能够区别本品牌与竞争品牌的不同，关键是"用一个声音说话"。

他认为资源整合应该发掘关键"接触点"，了解如何才能更有效地接触消费者。传播手段包括广告、直销、公关、包装、商品展示、店面促销等，关键是"在什么时候使用什么传播手段"。

无论是内容整合还是资源整合，两者都统一到建立良好的"品牌-顾客"关系上来。内容整合是资源整合的基础，资源整合推动内容整合的实现。

## 二、整合营销传播的内涵

整合营销传播把品牌与企业的所有接触点作为信息传达渠道，以直接影响消费者的购买行为为目标，是从消费者出发，运用所有手段进行有力传播的过程。这个过程对于消费者、客户或潜在的目标受众来说，通常应该是协调权衡的，并且具有说服力。整合营销传播不是以一种表情、一种声音，而是以更多的要素构成的概念，目的是利用消费者与企业接触的所有要素，直接影响受众的传播形态。

从企业的角度来看，整合营销传播是以广告、促销、公共关系等多种手段传播一贯的信息，整合传播战略，以便塑造品牌和产品形象。

从媒体机构的角度来看，整合营销传播不是个别的媒体实施活动，而是以多种媒体组成一个系统，给广告主提供更好的服务。

从广告公司的角度来看，整合营销传播不仅是广告，而且是灵活运用必要的促销、公共关系、包装等诸多传播方法，把它们整合起来，给广告主提供服务的一种活动。

从研究者的角度来看，整合营销传播从消费者立场出发进行企业活动，并综合多种传播方式，以容易接受的方法提供消费者需要的信息。

## 三、整合营销传播的特点

### （一）目标性

整合营销传播是针对明确的目标消费者的营销传播过程。整合营销传播的目标非常明确和具体，它并不是针对所有的消费者，而是根据对特定时期和一定区域的消费者的了解和掌握，并根据这类目标消费者的需求特点而采取的措施和传播过程。虽然整合营销传播也能影响或辐射到潜在的消费者，但是不会偏离其明确的目标消费者。

6.16 视频讲解

### （二）互动交流性

整合营销传播旨在运用各种手段建立企业与消费者的良好沟通关系。这种沟通关系不是企业向消费者的单向传递信息，而是企业与消费者之间的双向交流。沟通是以消费者需求为中心，每一个环节都是建立在对消费者的认同上，它改变了传统营销传播的单向传递方式，通过传播过程中的反馈和交流，实现双向的沟通。有效的沟通进一步确立了企业、品牌与消费者之间的关系。

### （三）统一性

在传统营销传播理论的指导下，企业在广告、公关、促销、人员推销等方面的企业行为都是由各部门独立实施的，没有一个部门对其进行有效的整合和传播。在这种情况下，有很多资源是重复使用的，甚至不同部门的观点和传递的信息都无法统一，造成品牌形象在消费者心目中的混乱，影响了最终的传播效果。整合营销传播就在于对企业的资源进行合理的分配，并按照统一的目标和策略将营销的各种传播方式有机地结合起来，表现同一个主题和统一的品牌形象，使企业的品牌形成强大的合力，推动企业品牌的发展。

### （四）连续性

整合营销传播是一个持续的过程，通过不同的媒体重复宣传同一个主题，统一形象的信息，并且这也是一个长期的过程，以便达到累积消费者对企业品牌形象的注意力和记忆度的目的。

### （五）动态性

整合营销传播改变了以往从静态的角度分析市场、研究市场，然后再想方设法去迎合市场的做法。整合营销传播强调以动态的观念，主动地迎接市场的挑战，更加清楚地认识到企业与市场之间互动的关系和影响，即企业应该更努力地发现潜在市场，创造新的市场。

## 四、整合营销传播的一般流程

### （一）建立消费者资料库

整合营销传播的起点是建立消费者和潜在消费者的资料库，资料库的内容至少应该包括人员统计资料、消费者态度的信息和以往的购买记录，等等。整合营销传播将整个焦点置于消费者、潜在消费者身上，因为所有的厂商、营销组织，无论是在销售量还是利润上的成果，最终都依赖消费者的购买行为。

### （二）研究消费者

研究消费者是第二个重要的步骤，就是要尽可能使用消费者及潜在消费者的行为方面的资料作为市场划分的依据，相信消费者"行为"资讯比其他资料诸如"态度与意向"测量结果更能够清楚地显现消费者在未来将会采取什么行动，因为用过去的行为推断未来的行为更为直接有效。在整合营销传播过程中，可以将消费者分为本品牌的忠诚消费者、他品牌的忠诚消费者和游离不定的消费者三类。很明显，这三类消费者有着各自不同的品牌信念，而想要了解消费者的品牌信念就必须借助消费者行为资讯。

### （三）接触管理

所谓接触管理就是企业可以在某个时间、某个地点或某个场合与消费者进行沟通。在以往消费者自己会主动找寻产品信息的年代里，决定"说什么"要比"什么时候与消费者接触"重要。然而，现在的市场由于资讯超载、媒体繁多，干扰的"噪声"大为增强，目前最重要的是决定"如何、何时与消费者接触"，以及采用什么样的方式与消费者接触。

### （四）发展传播沟通策略

发展传播沟通策略意味着在什么样的接触管理下，该传播什么样的信息，然后为整合营销传播计划制订明确的营销目标。对大多数的企业来说，营销目标必须非常明确，同时在本质上也必须是数字化的目标。例如，对一个擅长竞争的品牌来说，营销目标就可能是以下三个方面：激发消费者试用本品牌产品；消费者试用后积极鼓励继续使用并增加用量；促使其他品牌的忠诚者转换品牌并建立起对本品牌的忠诚度。

### （五）营销工具的创新

营销目标一旦确定之后，第五步就是决定要用什么营销工具来完成此目标。显而易见，如果我们将产品、价格、渠道都视为和消费者沟通的要素，那么整合营销传播策划者将拥有更多样、更广泛的营销工具来完成计划，其关键在于哪些工具、哪种结合最能协助企业完成传播目标。

### （六）传播手段的组合

整合营销传播的最后一步就是选择有助于完成营销目标的传播手段，这里所用的传播手段可以无限宽广，除了广告、直销、公关及事件营销以外，还包括产品包装、商品展示、店面促销活动等，只要能协助完成营销及传播目标的方法，都是整合营销传播中的有力手段。

 **本章回顾**

随着全球市场的一体化，"酒香不怕巷子深"的时代已经一去不复返了，世界市场上的竞争更多地体现在强者博弈、名牌对决，即跨国公司及其所拥有的品牌之间的竞争。消费者的认牌消费使品牌经营者越来越关注品牌的推广与传播。本章首先阐述了品牌传播的概念和意义，接着介绍了品牌传播的主要方式：广告传播、公关传播、销售促进和口碑传播，在具体分析过程中进一步指出各种传播方式的特点及注意事项，最后介绍了整合营销传播的思想，剖析了整合营销传播的内涵，总结了整合营销传播的特点和一般流程。

6.17 测验

##  问题思考与讨论

1. 你能说出几种新颖的广告形式？你认为哪一种品牌传播方式更能打动消费者？

2. 图 6-2 为某品牌产品的平面广告，猜猜看，是什么产品？这个广告的创意思路是什么？

图 6-2　某品牌的平面广告

3. 你认为在应用销售促进进行品牌传播时如何避免对品牌形象的损害？

4. 整合营销传播的核心思想是什么？你认为在实际操作过程中应该如何体现这个核心思想？

## ✎ 本章实践任务一：为你的品牌设计一个广告

在前面章节的实践任务中，各组为自己的品牌起了名字，设计了品牌标志，申请了商标注册，设计了 VI 并为品牌进行了定位。通过本章的学习，请大家为你的品牌设计一个广告。

提示和要求：为你的品牌写一个视频广告脚本（包括创意、内容、实现方式、时长等），阐述你的创意理念，说明你的广告作品如何体现品牌核心价值。结合产品的性质、消费者接触媒体的习惯、媒体的传播范围、媒体的影响力和媒体的费用等因素选择该广告投放的广告媒体，例如，选择哪些电视台？具体什么栏目和时段？或者选择哪些网站？具体什么频道和形式？通过小组讨论合作完成实践任务，制作 PPT 并展示最终成果（见表 6-1）。

6.18　作业范例

表 6-1　撰写视频广告脚本

| 品牌名称（中文/英文） | |
|---|---|
| 脚本内容提纲 | |
| 媒体选择 | |
| 其他 | |

 **本章实践任务二：整合营销传播方案策划**

通过本章的学习，为你的品牌策划一个线上线下相结合的整合营销传播方案。

提示和要求：方案包括实现的目标（分阶段）、各阶段的内容和实施要点（应用哪些传播手段、线上线下如何配合）、方案的经费预算。通过小组讨论合作完成实践任务，制作 PPT 并展示最终成果（见表 6-2）。

6.19　作业范例

表 6-2　整合营销传播方案提纲

| 品牌名称（中文/英文） | |
|---|---|
| 分阶段目标 | 第一阶段（　　　　）：<br><br>第二阶段（　　　　）：<br><br>第三阶段（　　　　）：<br><br>…… |

续表

| 各阶段的内容和实施要点 | 第一阶段：<br><br><br>第二阶段：<br><br><br>第三阶段：<br><br>...... |
|---|---|
| 经费预算明细 | |
| 其他 | |

## 案例分析

### OPPO 的品牌推广

OPPO 全称是 OPPO 广东移动通信有限公司，是一家全球性的智能终端制造商和移动互联网服务提供商，致力于为客户提供最先进和最精致的智能手机、高端影音设备和移动互联网产品与服务，业务覆盖中国、美国、俄罗斯、欧洲、东南亚等广大市场。

OPPO 旗下智能手机主要分为 Find、U、N、R 和 A 五个系列，因为创新的功能配置和精致的产品设计而广受欢迎，并在手机拍照领域拥有突出表现。OPPO 旗下蓝光播放机在欧美市场被奉为"殿堂级表现的全能播放机"，几乎囊括全球所有音响器材专业测评机构和主流媒体的最高奖项或评分。第三方研究机构赛诺数据显示，2016 年 2 月，中国线下手机市场销量为 3 357 万台，环比下滑 3.4%。在行业销量整体下滑的情况下，OPPO 却呈现逆势增长，销量达 455.4 万台，环比增长 52.4 万台。早在 2015 年，手机市场便进入盘整期。但在 2015 年，OPPO 手机销量超过 5 000 万台，逆势增长 67%。另外在全球市场研究机构 TrendForce（集邦科技）推出的排名中，OPPO 也首度上榜，凭借 3.8%的市场份额排名全球第八位。

OPPO 以音乐手机为出发点吸引了大批音乐爱好者，充分满足了音乐爱好者的需求，加之时尚化的造型设计、丰富的娱乐功能开发以及适当的价格定位，成为年轻群体购买手机的重要选择之一。

OPPO 音乐手机的营销方式就像流行歌曲一样传播品牌，使用"病毒式"传播搭载音乐进行，引爆流行是 OPPO 品牌进行音乐手机营销所坚持的目标，病毒式的广告为品牌带来巨大的传播效应。

2015 年，OPPO 与国美进行深度战略合作。国美从全渠道转型为全零售，依托后台供应链，打造出了店铺端、互联网端、数据运营端三端合一的超级体验平台，利用社交媒体等移动方式，促进信息传播及互动分享，开启国美粉丝经济。国美提出以其特色的"节日营销"模式，带动 OPPO 手机在全国的销售。国美致力于在 1 700 多家门店推广体验式的场景营销，在这些新形态门店中，国美和 OPPO 手机在全国建设了 15～20 家大型综合体验店，为消费者提供一站式的售前、售中、售后服务，加深消费者对于 OPPO 产品的了解和认知，通过体验实现 OPPO 产品的销售提升。

生活中除了遍布大街小巷的广告以外，消费者只要看电视，几乎很难躲避 OPPO 的广告"轰炸"。资料显示，在 2015 年，以 OPPO 冠名和赞助等形式所涉及的电视节目几乎覆盖全年主流电视节目。OPPO 相关负责人指出，OPPO 做产品的宗旨，是为挑剔的年轻用户提供最佳使用体验，选择投放部分电视节目也是因为这些节目受众群体正是年轻用户。正是定位准确且宣传到位，消费者熟知了 OPPO 的性能优点，销量突飞猛进。

OPPO 是一个高科技潮流的手机品牌。它大量赞助的热门明星节目面对的是年轻观众，而 OPPO 手机就是定位于这些年轻潮流消费者。这些年轻消费者希望得到的是一个高科技手机——像素高，充电快。通过这些节目的赞助词，消费者知道了 OPPO 高像素、能美颜、具有快充科技的优点。

面市不到两年，搭载"VOOC 闪充"的 OPPO 手机在中国本土市场的销量突破 1 800 万台，其中 R7 系列 2015 年实现 1 500 万台销量，为 OPPO 的2015 年销量贡献了近三成比例。不难发现，在快速充电、拍照功能上拥有独到之处的 OPPO 产品，已经获得了用户认可。

总之，OPPO 进行品牌推广时，定位准确，线上和线下相结合进行品牌推广，关注消费者的需求并与时俱进，依托赞助知名电视综艺节目，宣传自身品牌的优点，提高品牌的知名度，促进了销量的逐渐增长。

**讨论**

（1）OPPO 品牌推广时选择了哪些方式？品牌推广的目标是什么？

（2）你认为 OPPO 品牌推广是否做到了"用一个声音说话"？

# 第七章

# 制订品牌扩张规划

聪明人是不会把所有的鸡蛋都放在一个篮子里的。

——西班牙作家塞万提斯·萨维德拉

 **本章提要**

众多企业通过品牌扩张使销量增加、规模扩大，获得了很好的经济效益和社会效益，然而，也有一些企业盲目扩张，缺少策略，造成了不利于企业品牌发展的不良影响，反为其所困。品牌扩张是一门科学、一种技术，需要使用技术手段才能实现。

通过本章的学习你将了解和掌握以下内容：
● 品牌扩张及其风险
● 品牌扩张的路径选择

### 导入案例

肯德基是于 1952 年创立的全球著名的快餐连锁品牌。必胜客是于 1958 年创立的全球最大的比萨连锁品牌。把肯德基、必胜客、塔可钟、A&W 和 Long John Silver's（LJS）等世界著名餐饮品牌联系在一起可知，它们都同时隶属于百胜全球餐饮集团，如图 7-1 所示。

图 7-1 百胜全球餐饮集团

如果把百胜全球餐饮集团和百事可乐再联系到一起，就变成了世界领先的饮料和休闲食品公司——百事公司。

仔细分析上述错综复杂的隶属关系，可以让我们清晰地看出百事公司的品牌战略和扩张策略。具有100多年历史的百事公司在1977年分别收购了肯德基和必胜客，开始了百事公司的多元化扩张之路。但是由于百事公司的核心业务是饮料生产销售和品牌运营，所以肯德基、必胜客等各自独立的、与饮料业务不相关的快餐连锁让百事公司曾经一度茫然。它在处理核心业务、战略资源调配、品牌扩张和发展战略等方面均出现不同程度的对立和不协调。

面对不同的品牌特征、不同的产品优势、不同的市场客户和不同的消费群体，1997年百事公司做出了重大的战略调整，把肯德基、必胜客和塔可钟等连锁餐饮业务从百事公司里剥离出来，成立了另一家上市子公司——百胜全球餐饮公司。

1999年，百事公司又把旗下的百事可乐罐装集团分离并在美国上市。

从百事公司分离出来的百胜全球餐饮公司和百事罐装集团，可以充分发挥自己的专业优势，全神贯注地在自己的专业领域内深耕细作。

整合之后的百事公司，鸡翅、比萨和饮料三者兼营，一个百年历史的"老龄公司"，显现出朝气蓬勃的青春活力。

百事可乐的战略扩张成功之处在于多品牌整合和专业化核心业务之间的冲突化解与有效调整。一方面表现在百事公司专注并保持了可乐饮料业务的核心地位和品牌优势，另一方面也表现在百事公司对非核心业务的独立和授权。它的高明之处在于：百事公司知道自己的品牌优势在于饮料，而百胜旗下的其他品牌的专业优势则在于快餐连锁经营！

（资料来源：百度文库）

# 第一节　品牌扩张及其风险

正像一个人既要长高，也要强壮一样，品牌的成长也是这样的，品牌在成长及发展的过程中也会不断地扩张。

## 一、品牌扩张的概念

关于品牌扩张的概念，学术界有不同的定义。综合比较国内外各家之言，我们选择了较为广义的品牌扩张的概念，并基于这个概念展开本章的内容。

品牌扩张是一个具有广泛含义的概念，它涉及的活动范围比较广。具体来说，品牌扩张是指运用品牌及其包含的资本进行发展、推广的活动，包括

7.1　视频讲解

品牌的延伸、品牌资本的运作、品牌的市场扩张等内容，也包括品牌的转让、品牌的授权等活动。

品牌扩张的例子不胜枚举，例如，雅马哈早先是日本一家摩托车生产厂商，后来进入音响、钢琴、电子琴等领域，这就是典型的品牌扩张行为。又如，青岛海尔集团作为我国著名的名牌企业，其海尔品牌具有极高的价值，在20世纪80年代中期，海尔最先推出海尔系列冰箱，取得成功后，又进行品牌扩张，不失时机地推出了海尔洗衣机、海尔电视、海尔空调，直到海尔电脑和海尔手机等。再如，麦当劳利用其品牌优势开展特许经营、加盟连锁，在全世界范围内扩张。

企业的资源只有配置合理，才能充分发挥资源的效用。品牌是企业的无形资产，是一种重要的资源，在研究品牌资源合理利用的时候，就不得不研究品牌的扩张。

## 二、品牌扩张的原因

企业进行品牌扩张的原因是多方面的。

### （一）利用品牌的"光环效应"

消费者使用某个品牌的产品或接受某种服务并获得了满意的效果后，就会对此种品牌形成好的评价，形成良好的消费体验，这种体验被保留下来，又影响了其他消费行为。尤其是当消费者在消费某个名牌并获得了满意感后，会形成一种名牌的"光环效应"，这种"光环效应"影响着消费者对这个品牌下的其他产品或服务的态度。例如，人们购买了某款耐克牌运动鞋，经过使用并获得了满意感（认为其质量好、保护脚等），由此人们会对其他款式的耐克鞋产生好感，对耐克牌的其他产品如运动服、体育器材等也会产生好感，并影响人们将来对此类产品的消费行为。中国有句成语"爱屋及乌"便说明了这种心理效应。

### （二）企业实力的推动

从企业内部角度，企业发展到一定的阶段，积累了一定的实力，就形成了一定的优势。企业积累了一定的资金、人才、技术、管理经验后，为品牌扩张提供了可能，也提出了扩张要求。特别是一些名牌企业，它们一般具有较大的规模和较强的经济实力，这为实行品牌扩张提供了条件。在企业实力的推动下，企业会主动地进行品牌扩张，以便充分利用企业资源，在这方面的表现主要是利用品牌优势，扩大产品线或控制上游供应企业，或者向下游发展，又或者是几者的综合。品牌扩张是企业实力的表现，同时，品牌扩张也会给企业带来巨大的效益。

### （三）市场竞争下的品牌扩张压力

企业的生存与发展是在市场竞争中进行的。品牌的生存与发展也同样摆脱不了市场竞争。市场竞争的压力常会引发品牌扩张的行为，这种品牌扩张主要是由于竞争对手在某些方面做出了调整，或者进行了品牌延伸或市场扩大，从而迫使企业不得不采取相应的对策，以采取相应的品牌扩张措施。

麦当劳公司由美国走向世界进行全球性的品牌扩张，其销售额、利润都获得了巨大增长，品牌知名度也在世界范围打响。作为其竞争对手的肯德基公司在这种竞争态势下也必须采取相应的措施，开展品牌扩张战略，以便抵御麦当劳公司实力增长给其带来的竞争压力。这种现象还存在于可口可乐公司与百事可乐公司的竞争中。

### （四）外界环境压力下的品牌扩张

企业是在一定的外界环境中生存、发展的，外界环境会对企业的发展、品牌的扩张产生重大影响，这种压力常常也是企业进行品牌扩张的原因之一。企业生存的外部环境主要是指影响企业的宏观环境，如政治环境、自然环境等，这些因素对企业来说是不可控的。某个环境因素的变化可能导致企业进行适应性变革，这些变革很多是品牌扩张的内容。比如，对于石油产业，当石油资源枯竭时，企业必须进行品牌扩张，以向新的产业转移。对于一家企业，当其供应商出现变化而影响到企业时，企业也需要做出相应的调整，以便适应这种变化的要求。

20 世纪 70 年代，美国杜邦公司在面对石油危机时，一时无法应对，产品的营销和价格体系都处于混乱中，仅仅两年的时间，其利润就下降了 2.7 亿美元。企业的外部环境发生了变化，杜邦这样的集团——80%的产品原料是石油、70%的收益来自石油制品，就必须进行品牌扩张，并采取相应的应对措施。经过权衡利弊后，杜邦公司决定兼并美国第九大石油公司，并创立自己的品牌。此举通过品牌扩张，实现了原料的自给自足，不但降低了成本，而且摆脱了国际市场原油的控制，使杜邦集团在化学工业市场上立于不败之地。现在，杜邦集团下属的企业包括石油、航空、银行、飞机制造、保险、军工、化学、食品、电视、计算机等，几乎渗透到全世界国民经济的每个领域。

### （五）产品生命周期的结果

企业的产品都会有一个生命周期，对于企业来说这是不容回避的现实。当产品处于生命周期的成熟期或衰退期时，市场需求停止增长并开始下降，这时企业应该考虑如何推出新产品或进入新的市场领域，以避免产品生命周期给企业带来的灾难。实际上，当企业产品处于成熟期或衰退期时，企业就应该开始考虑品牌扩张，以通过品牌扩张推出新产品或转入新行业，从而使企业或品牌继续生存和发展下去。另外，科技的进步会使一些产品的生命周期大大缩短，这就更需要企业提早准备，以积极进行品牌扩张。

## 三、品牌扩张的意义

如何对现有品牌进行开发和利用，更好地发挥品牌的作用，是企业经营

战略中不可或缺的课题。而实际上利用品牌资源实施品牌扩张，已经成为企业发展的核心战略。众多企业正是因为成功地进行了品牌扩张才取得了市场竞争的优势地位。从已有的实践来看，品牌扩张对企业的意义主要体现在以下几个方面。

### （一）优化资源配置，充分利用品牌资源

经济学讲究资源的合理配置，企业只有合理配置各种资源，使其充分发挥作用才能使企业走向良性发展道路。品牌是企业重要的资源，企业在品牌发展过程中可能会出现这样或那样的问题，例如，品牌资源闲置时，品牌扩张战略可以促进资源的合理利用，从而增强企业实力。针对品牌资源闲置的问题，企业可以对外扩张、特许经营、品牌延伸等，从而达到有效、充分利用企业品牌资源的目的。世界著名的时装品牌，如香奈儿、范思哲、阿玛尼等，都具有极高的知名度、美誉度、信任度和追随度，若它们只在服装领域里开拓市场，而不进入相关的产品领域，则消费者对其的忠诚、赞誉便会无形中损失掉，而这些正是企业宝贵的品牌资源。所以，我们可以看到、用到CD、CK、KENZO、CHANEL5等这些高级时装品牌的系列产品。

### （二）规避经营风险

企业的经营常会遇到各种风险，其中一种便是单一的产品、项目或业务经营的失败给企业带来的致命打击。也就是说，对于经营单项业务的企业来说，单项业务的失败会使企业唯一的经营活动失败，从而给企业带来严重的损失。因此，众多的企业在发展过程中往往采用品牌扩张的策略，进行多元化经营，以规避经营风险。美国吉列公司前任董事长勒克勒在1978年出任总经理时就提出："公司不应该再以刀片当唯一的事业了。"于是，吉列公司在继续研制新型剃刀的同时，大刀阔斧地进行了品牌扩张，企业经营转向了化妆品、医药及生活用品等多个方面，并在这些行业中取得了成功。到1980年，剃须刀和刀片的销售额在其海外业务的总营业额中所占比例还不到35%。正是由于实施了单一经营向多元化的战略调整，吉列公司开始多条腿走路，吉列公司的"剃须刀王国"更加巩固。

### （三）借助品牌忠诚，减少新品"入市"成本

消费心理学的研究表明，消费者往往具有某种忠诚的心理，即在购买商品时会多次表现出对某个品牌的偏向性行为反应。这种忠诚心理能为该品牌新产品的上市扫清心理障碍，并提供稳定的消费者群体，从而保证了该品牌产品的基本市场占有率。因此，当企业进行品牌扩张、新产品以同一品牌投放市场时，就可以利用该品牌已有的知名度、美誉度、消费者对该品牌的信任度及忠诚心理，以最少的广告、公关、销售促进等方面的投入，迅速进入市场，提高新产品的开发上市的成功率。

### （四）品牌扩张能给品牌以新鲜感，使其更丰富，从而提高市场占有率

品牌内容如果一成不变，长此以往就会使消费者生厌，从而导致移情别

恋，因此品牌扩张对于企业开拓新市场、维持消费者忠诚度极为重要，具体表现在以下三个方面：

一是品牌扩张能使品牌概念不断增加新的内涵，让消费者感到这个品牌在不断发展、不断创新，从而紧紧抓住消费者，牢牢占领市场；

二是品牌扩张使目标市场扩大了领域，为消费者提供了更多的选择对象，增强了品牌的竞争力；

三是品牌扩张能使品牌群体更加丰富，对消费者的吸引力更大。

### （五）增强企业实力，实现收益最大化

规模经济可以实现企业运营的最低成本，从而使企业低成本扩张、扩大企业生产能力、增强企业实力、实现收益最大化。品牌扩张在一定的程度上使企业规模扩大、充分利用闲置资源、合理进行配置，从而实现"规模效益"。品牌扩张就是在某种程度上发挥核心产品和品牌的形象价值，充分利用品牌资源，提高品牌的整体投资效益，使企业产销达到理想的规模，实现收益的最大化。例如，上海恒源祥公司利用老字号品牌的丰富资源，先后与几十家绒线生产企业结成"战略联盟"，"联盟"内部实行专业分工生产和统一品牌销售，从而使资源配置得到了最大限度的优化。企业在这个过程中集合了多种社会资源、形成了集约生产、增强了企业实力，也使企业收益达到了相应的最大化。

总之，品牌扩张是企业发展的重要手段选择，如果运用得当，就会大幅度提高产品及企业的实力和竞争力，并扩大企业效益。品牌扩张可以带来利润、市场占有率、市场竞争力、市场亲和力、企业效益等多方面的提升，已经成为企业发展战略的核心内容。

## 四、品牌扩张的风险

品牌扩张是企业发展战略的核心，众多的企业成功地进行了品牌扩张，取得了骄人的成绩，然而品牌扩张失败的案例也比比皆是。品牌扩张能为企业营销活动带来许多方便和利益，但倘若对品牌扩张的方向和策略把握不准或运用不当，就会给企业带来诸多方面的危害。品牌扩张不当会给企业带来很大风险，它并非任何企业发展的良药，品牌扩张的路上充满陷阱。

7.2　视频讲解

因此，企业在品牌扩张过程中，要谨防以下情况的发生。

### （一）品牌扩张偏离品牌定位，损害原品牌的高品质形象

当某一类产品在市场上取得领先地位后，这个品牌就成为强势品牌，它在消费者心目中就有了特殊的形象定位，甚至成为该类产品的代名词。将这个强势品牌进行延伸后，由于近因效应（最近的印象对人们认知的影响具有较为深刻的作用）的存在，就有可能对强势品牌的形象起到巩固或减弱的作用。如果品牌扩张运用不当，那么原有强势品牌所代表的形象信息就会被弱

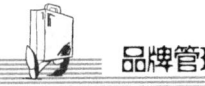

化。某品牌高度定位后，在人们心目中从一个固定的、完整的形象存在，到品牌完全取代了产品作用，是容不得一点儿节外生枝的。美国施乐公司曾经收购了一家计算机公司，把它改名为"施乐资料系统"，然而"施乐"在顾客心中意味着复印机，他们不接受不能复印的"施乐"计算机，由此，美国施乐公司损失了 8 400 万美元。

此外，商品从高档产品向低档产品延伸，或者从技术性较高的产品到技术性较低的产品延伸，又或者从技术工艺复杂的产品延伸到制造工艺简单的产品时，原品牌的形象会受到影响。这种做法短期内可能会获得效益，但从长期来看是得不偿失的。

当企业不具备"两线作战"的能力或时机时，不要倾力去做品牌延伸，即使在扩张的同时也要提高警惕，严防原产品受到竞争对手的"乘虚攻击"。

7.3 案例（动画）

### （二）跨行业品牌延伸，使消费者产生心理冲突

品牌扩张跨度较大，容易使新产品脱离了原品牌的个性特征或核心价值。如果品牌延伸到一个与主品牌对应下的原产品相对立或易引起消费者反感的产品或行业上，就会对消费者造成心理冲突，消费者只能购买其一，或者两者都不买，从而损害原有品牌的形象。

创立于 1985 年，曾经名噪一时的三九制药在 2007 年被华润集团收购了。这个早在 1995 年就第一次把中国公司的广告牌竖立在美国曼哈顿时代广场的知名企业，曾经创造出平均每月收购两家企业、最多时候旗下拥有 140 多家企业著名品牌的辉煌纪录，范围遍及全国，业务涉及医药、汽车、食品、制酒、旅游、酒店、商业、农业、房地产等多个产业。

但是在三九制药的众多产业内，消费者印象最为深刻的恐怕还是"三九胃泰"。这个由著名电影演员李默然演绎的广告，是中国第一个明星代言的广告。凭借明星效应和"胃药之王，三九胃泰"的广告传播，三九制药在创业之后 3 年的时间里销售额就冲破了 18 亿元，成为当时中国知名度最高、盈利最好的中药企业。

如果把这个闻名遐迩的医药品牌和啤酒联系在一起，消费者会做出什么反应呢？1996 年三九制药并购了河北石家庄啤酒厂，并推出了"九九九冰啤酒，四季伴君好享受"的 999 牌啤酒，如图 7-2 所示。

当消费者拿起 999 牌啤酒时，可能立刻就会想起"三九胃泰"或"三九感冒灵"，让人徒生各种不舒服的联想。难怪消费者会说："999 是三个九，喝完胃药喝啤酒！"这是三九企业在品牌延伸时没有考虑到的，并且胃药保护胃的功能与啤酒伤胃的作用相抵触，会在消费者心中产生矛盾，可见这种扩张是不合适的。

图 7-2　九九九冰啤酒

### （三）跷跷板效应

当品牌延伸到另一个类别的产品时，则会发生虽然新产品销量上去了，但是原品牌产品的市场份额却被竞争对手占领了，就像跷跷板一样，一边翘起，一边就落下。这种情况往往发生在主品牌地位尚未牢靠，便轻易延伸到其他行业的企业。当然，一些实力强大的品牌由于在延伸时注意力太过集中于新产品，忽视了竞争对手对原品牌产品的进攻，也会发生丢失地盘的情况。例如，在美国市场上，亨氏（Heinz）原本是腌菜的品牌，而且它占有最大的市场份额。后来，亨氏公司推出同品牌的番茄酱产品，而且做得十分成功，使亨氏公司成为番茄酱品牌的第一名。然而，与此同时，亨氏公司却丧失了腌菜市场上的头把交椅，被 Vlasic 公司取代。

鉴于以上介绍的企业品牌扩张时面临的种种风险，企业在品牌扩张过程中应该积极开展调研，了解品牌定位和消费者心理，从而使品牌的扩张不至于盲目。

# 第二节　品牌扩张的路径选择

品牌扩张可以给企业带来巨大效益，但也伴随着巨大的风险，在选择品牌扩张路径时要根据内外部环境具体分析、谨慎决策，以便降低或避免相应的风险、增加成功的可能性。

品牌扩张不是毫无方向和目的、盲目地开展的。一般来说，企业在品牌扩张时应坚持一些相同或相似的基本元素。例如，有相同或相似的消费群体，或者有共同的产品成分、相同的销售渠道和服务系统，或者技术上密切相关，或者产品质量档次相当等，使消费者容易接受和信赖，品牌扩张也会相对顺利。企业在制定品牌扩张战略、选择品牌扩张的方向和路径时，可以从产业或档次上进行扩张。

7.4　案例

7.5 视频讲解

7.6 视频讲解

## 一、在产业上扩张

从产业相关性分析，品牌扩张的一种方法称为垂直扩张，即可以向上、向下或同时向上向下进行。例如，石油加工业向原油开采业的扩张是向上扩张，向石油精细加工业或销售流通业的扩张是向下扩张，同时向原油开采业和精细加工业或销售流通业的扩张便是既向上又向下的双向扩张。采用以上扩张方法，企业可以向上控制原材料供应、向下控制产品的销售网络。另一种扩张方法是平行扩张，也可以称为平面扩张，即在产业同一层面进行扩展。例如，果奶向鲜奶、酸奶的扩张。平行扩张一般应该具有相同或相近的目标市场或销售渠道，特别是应有与主力品牌相竞争的品牌或行业。产业上的扩张往往使企业更庞大、更丰富，能够形成集团力量，从而加强风险抵御能力。

## 二、在档次上扩张

在产品线上增加高档次产品项目，使产品、品牌进入高档市场，是向上扩张的档次扩张，例如，很多日本企业在汽车、摩托车、电视机和复印机行业都采用了这种方式。目前许多发展中国家从发达国家引入先进的高档生产线，在高档次上扩张，也是采用这种方式。在产品线里增加较低档的产品，使品牌向下发展，是档次扩张的向下扩张。这种方式主要是利用上游高档名牌的声誉和人们的慕名心理，吸引购买力水平较低的顾客，购买这个"名牌"中的低档廉价产品，但这种做法风险很大，极易损害名牌高品位和高品质的形象。还有另一种情况，如同产业扩张一样，档次扩张也可以双向扩张，即原来中档品牌的产品向产品线的上下两个方向扩张，一方面增加高档产品项目，另一方面增加低档产品项目。

此外，企业在选择品牌扩张的方向和路径时，除可以从产业和档次两个方面进行规划布局外，还可以基于市场区域进行地域扩张，如从城市向农村，从一线城市到二、三线城市或从国内市场向国际市场扩张。

企业品牌扩张要注意品牌扩张时机的选择。成功的品牌延伸或扩张往往要选择好的时机，在以下几种情况下，可以考虑品牌延伸。

（1）当延伸产品和原产品很相似时，由原产品向延伸产品扩张的风险较小。

（2）当"多品牌"很重要时，即当在不同品牌之间转换的消费行为不可避免时，则适合提供不同品牌价值的品牌。

（3）当多品牌明显是消费者所需要时，即当消费者希望感受多种不同选择时，则不适合一个品牌只出一个品种，而应该考虑多品牌和多产品的延伸或扩张。

企业不管是平行扩张还是垂直扩张，都会涉及五个要素：消费者、销售模式、团队、产品和品牌。

第一，要实现品牌的扩张，了解所要扩张领域消费者的整体状况是扩张的基础。在这个基础上，只有把消费者按照现有消费、潜在消费、如何消除

7.7 视频讲解

7.8 视频讲解

现有消费的长期障碍、如何引导潜在消费等专业模块进行细致分析，才能最终找到自身扩张的机会点。

第二，将销售模式与消费者的消费习惯紧密相连。不同消费者有不同的消费渠道、购买细节和心理定位模式。只有根据消费者的既有状况，去配置组合企业自身的从渠道到促销、推广的合理模式，实现市场销售的零障碍，才能完成产品扩张路径与消费者需求的无缝吻合。

第三，不管是消费者还是销售模式，最终都应该以人为本。从企业团队来讲，最重要的是解决质、量和管理三个问题。希望用200个人来完成2 000个人做的事，是不可能的。同时，团队是否有良好的沟通和对细节的把握能力，也是决定扩张成败的关键。当然，在这个过程中，管理至关重要，一方面，对团队的管理决定了团队的战斗力；另一方面，团队对市场的管理也决定了品牌的竞争力。

第四，并不是质量好的产品就一定越畅销。按照经典营销理论，真正畅销的产品往往是市场质量好的产品。市场质量好就意味着消费者消费的不仅是一个品种，更是一种心理、一种审美、一种情感。

第五，消费者对品牌的认知是附着在产品上的。因此，品牌要真正实现扩张，就要从产品上升华出来，形成某种有代表性的独立系统，只有这样，品牌才能不受制于产品，并且为产品进行消费群、价值等方面的扩张提供足够的支持。

从根本上讲，上述五个要素并非做好某一个就可以实现扩张。它们是一个整体，只有实现五个要素互相支撑配合，才能最终实现有效的路径扩展。

不可否认，成功的品牌扩张能使品牌资产得到充分利用，并在利用中增值，但品牌扩张和延伸毕竟有许多陷阱，存在很多潜在的风险。因此，企业必须从长远发展的战略高度审视品牌扩张，切不可只因为眼前利益而不顾时机、不考虑延伸条件和可行性，盲目地在新产品上使用现有品牌。在做出品牌扩张决策时要理智地权衡利弊得失，采取科学、合理及有效的方法规避风险，确保品牌延伸的成功。此外，品牌扩张战略是品牌战略的重要组成部分，取决于企业品牌战略的基本模式，具体可以参见本书第一章第三节中的第三点——品牌战略的基本模式。

## 本章回顾

品牌是企业的无形资产，和其他有形资产一样，是企业掌握的重要资源。随着企业的发展，利用品牌资源实施品牌扩张，更好地发挥品牌的作用，成为企业经营的核心战略。本章首先明确界定了品牌扩张的概念，分析了品牌扩张的原因和意义，进而指出品牌扩张存在的种种风险，最后介绍了在品牌扩张规划时如何选择扩张方向和路径。

7.9　测验

7.10 作业范例

 问题思考与讨论

1. 虽然很多企业倒在了品牌扩张的路上，但是为什么还有那么多企业要大张旗鼓地进行品牌扩张呢？

2. 你知道可口可乐和百事可乐在品牌扩张过程中有哪些针对性的措施吗？你是如何看待这种竞争性品牌扩张的？

3. 你认为是否所有企业都必然走向扩张之路呢？你认为品牌扩张需要哪些条件呢？

 **本章实践任务：为你的品牌制订品牌扩张规划**

在前面章节的实践任务中，各组为自己的品牌起了名字、设计了品牌标志、申请了商标注册、设计了 VI，还为品牌进行了定位并制定了品牌的传播方案。通过本章的学习，请为你的品牌制订品牌扩张规划。

提示和要求：随着你的企业不断发展，请规划你的品牌未来的扩张路径，在扩张的过程中，你的目标和原则是什么？通过小组讨论合作完成实践任务，制作 PPT 并展示最终成果（见表 7-1）。

表 7-1 品牌扩张规划

| 品牌名称（中文/英文） | |
|---|---|
| 扩张路径选择 | □ 产业上向上扩张<br>□ 产业上向下扩张<br>□ 产业上双向扩张<br>□ 平行扩张<br>□ 档次上向上扩张<br>□ 档次上向下扩张<br>□ 档次上双向扩张<br>□ 非相关行业扩张<br>□ 地域扩张 |
| 目标 | |
| 原则 | |
| 具体规划（可以分阶段） | |
| 其他 | |

## ✐ 案例分析

### 娃哈哈多元化战略之惑

2014 年年初娃哈哈集团宣布，力争营业额实现 1 023 亿元。在饮料业务增长进入瓶颈期后，多元化似乎已经成为娃哈哈完成这个目标的唯一选择。2013 年，娃哈哈多元化战略已显规模：代理欧洲品牌，全国招商，联合茅台镇进军白酒业，在宜昌造购物广场……但对于娃哈哈而言，既往的多元化尝试并未战果辉煌，而且选择进入的时机也多遭人诟病。

2014 年 3 月 28 日，在糖酒行业最大的盛会"糖酒会"上，行业预测的"2014 年春季糖酒会白酒十大看点"的名单中，以饮料业务著称的娃哈哈赫然在列。此因源于 2013 年 11 月，杭州娃哈哈集团有限公司董事长宗庆后公开宣布娃哈哈要进军白酒行业，引发了业内诸多讨论。

可以说，娃哈哈掌门人宗庆后近年来的每一次决断都会引起一阵唏嘘，无论是童装、食品，还是商场、白酒，每一次多元化的尝试都被贴上了"不容乐观"的标签，因为行业人士均认为，娃哈哈赖以发展壮大的经销模式已经难以支撑其多元化的道路。

### 多元化之惑

2014 年 3 月 4 日，宗庆后接受媒体采访时表示，从过去的饮料，到后来的童装、食品、商业、白酒，娃哈哈在不断地寻求自己新的增长点。但是娃哈哈还在坚持主业，把饮料和保健结合，因为今后消费者会一直有这个需求。目前娃哈哈资金充裕，又不想在饮料行业中过度竞争，所以有了多元化的需求。

2013 年 11 月，娃哈哈和贵州省仁怀市政府签署战略合作协议，通过整合当地小酒企的方式，联合金酱酒业推出"领酱国酒"，正式宣布进入白酒行业。当时宗庆后表示，除了金酱酒业，娃哈哈还与当地十余家酒企达成初步合作意向，希望凭借娃哈哈的资金和网络优势，帮助这些酒企销售白酒。宗庆后表示，娃哈哈除了利用现有的饮品渠道以外，还会寻找专销酒品的大型经销商来开辟白酒市场。

江浙经销商常青（化名）表示，虽然自己没有酒水渠道的资源和客户，但是还是要支持公司新品，订了 100 箱"领酱国酒"。"公司有渠道利润分配的政策，说是保证让渠道商赚到钱，我拿回去可以作为奖品送给下游的客户，或者放到有酒水销售的朋友那里去销售。"常青说。

"我觉得娃哈哈在白酒上的思路，跟饮料产品实际上是一样的。宗庆后就是想利用渠道优势去做白酒。"上海博纳睿成营销管理咨询公司董事长史贤龙说。

其实，每一次多元化，娃哈哈强大的经销商团队都是宗庆后自认为可以取胜的"法宝"。2012 年"两会"期间，在谈及童装业务时，宗庆后表示，

当年选择童装业务是因为很多经销商希望娃哈哈做童装，娃哈哈品牌也适合做童装，但是进入后"希望其做童装"的经销商队伍并没有帮助娃哈哈实现初定的发展目标。

这样的思路也表现在 2010 年，当年娃哈哈进军婴幼儿配方奶粉领域时，宗庆后依然相信其强大的经销商团队可以帮助旗下奶粉品牌迅速占领市场，但事实情况是，娃哈哈旗下奶粉业务发展与其预期相去甚远。

《中国经营报》记者在采访中了解到，所谓的"联销体"操作模式是，娃哈哈的一级经销商每年年底必须将该年销售额的 10%作为保证金一次性打到娃哈哈账户，娃哈哈为此支付高于或相当于银行存款的利息，此后每月进货前经销商必须结清货款，娃哈哈才予以发货。一级经销商主要承担物流商的作用，负责仓储、资金和送货到终端等服务，管理每个地区的二级批发商。同时娃哈哈的各省分公司会派人帮助经销商管理铺货、理货，以及广告促销等业务。

此外，公司还对经销商实行返利激励和间接激励相结合的全面激励制度，每年公司根据市场实际情况推出各种各样的促销政策，提供一定比例的促销费用，并派出销售人员帮助经销商做好市场，做到促进销售而不扰乱整个市场的价格体系。同时，还要构建蛛网式销售网络，也就是从联销体网络构建到区域责任制、特约二级批发商网络建设、封闭式销售，把二级批发商和零售商发展为娃哈哈的联销体网络成员。

一位长期研究娃哈哈的业内人士告诉记者，娃哈哈的"联销体"模式帮助娃哈哈从校办工厂发展到如今可以与可口可乐、百事可乐相抗衡的世界级品牌，而且一直帮其进行蚕食性的扩张。因为这个经销商管理模式，可以帮助企业有健康的资金流，并保证公司自身和各级销售商的利益及销售网络的稳定。

### "联销体"失势

不得不说，娃哈哈在渠道方面有很大优势。有行业专家表示，其饮料和牛奶等方面的渠道早已布局到二三线城市，渠道充分下沉，且其当前经销商数量已过万人。但是这些都是长期运作几元、十几元快消产品的经销商，渠道资源多位于低端，而娃哈哈白酒产品定位为 100～400 元，属于中端市场，要求经销商具备稳定的消费群或团购资源，与其固有的渠道存在错层。

"现在娃哈哈除了做零售商业之外，又去做白酒，有点儿不现实，因为在这两个板块，娃哈哈都缺乏人才和经验，作为跨行企业突然进入，要想做起来很难。"一位娃哈哈离职管理层表示。纵使娃哈哈方面以自身成熟的快消营销网络自诩，但进军酒业依然面临巨大挑战，如何优化渠道、打造品牌、高效宣传等都是娃哈哈必须面对的难题。

部分经销商直言，娃哈哈的产品太多了，奶粉、童装，还有商场，但人们提到娃哈哈最先想起来的还是饮料。为了娃哈哈的发展，饮料方面以外的新产品还是会订一部分，但是主要精力还是在市场比较成熟的饮料方面。

对于"多元化"这三个字，宗庆后表示，以前有两种看法，即最开始的时候每个企业都要搞多元化，东方不亮西方亮，搞了以后全死了。后来一种说法就是多元化是非死不可的。"我觉得这两种说法都不是太正确，关键首先你的企业有没有需要？其次，你有没有能力？最后，你有没有机会？我想我们娃哈哈现在有需要、有实力、有机会，所以也在探索各个方面的多元化，但是总的来讲我们要从上游到下游发展，再向高新技术产业发展，大的方向还是有的。"宗庆后解释。

白酒行业专家铁犁也在接受媒体采访时指出，娃哈哈的饮料和纯净水有大市场、小产品、低利润、规模化的经营特点。相对来说，酒是中档市场中高价位、较高利润、中小规模的运作，两者之间有很大的差异性。

对此，有业内人士指出，这些人毕竟不是专业的酒类经销商，他们是可以帮助企业在短时间内实现强大的铺货能力，但是这些货压到渠道上，能否全部销售出去，则要打上一个问号了。况且娃哈哈多元化触角已经涉足了多个领域，娃欧商场、奶粉、童装、电机、餐饮等均有涉及。除了饮料以外，其他领域发展得都很一般，甚至被外界贴上"失败"的标签。

对于娃哈哈联销体，克里夫营销学院品类战略专家李亮早前接受本报记者采访时曾经解释称，娃哈哈联销体需要有源源不断的成功新产品来拉动。"因为经销商是需要利益维系的，如果利益的来源为利润型产品，那么这个利润型产品就是新产品，越新越好，否则联销体就会面临瓦解的风险。"

而宗庆后本人对其多元化之路的解释则是："现在娃哈哈搞多元化是有考虑的，企业是从小到大一步步做起来的，现在资金比较雄厚，品牌影响力也比较大，以零售行业来说，因为零售终端租金高，商场扣点高，如果掌控了零售终端，销售费用就节省不少，产品也就更有竞争力了。"他坦承，娃欧商场的选址有一定的问题，但娃哈哈的零售战略不会改变，会寻找有经验的大的零售行业的巨头来合作。

（资料来源：《中国经营报》2014-03-08）

**讨论**

（1）结合本章所学，分析娃哈哈的多元化战略。

（2）关于品牌扩张的时机和条件，你的看法是什么？

# 第八章

# 品牌危机管理

优秀的企业安度危机，平凡的企业在危机中死亡，只有伟大的企业在危机中发展自己。

——Intel 公司前 CEO 安迪·格鲁夫

 **学习目标**

随着经济全球化和知识信息化的来临，市场变幻莫测，企业所面临的生存环境也越来越复杂。企业千辛万苦创建品牌，凭借品牌的力量赢得消费者信任并在市场竞争中建立起竞争优势，但任何一个微小的问题，都有可能引发品牌危机，进而威胁企业的品牌形象。

通过本章的学习你将了解和掌握以下内容：

● 品牌危机的分类

● 品牌危机的防范和应对

**导入案例**

2013 年 3 月 8 日，有媒体报道消费者李女士发现自己公司购买的多瓶没有开封的农夫山泉 380 毫升饮用天然水中出现很多黑色的不明物。当时农夫山泉对这个事件的回应遭到媒体质疑，这也成为农夫山泉"标准门"事件的开始。

4 月 12 日，《京华时报》撰文称饮用水协会确认农夫山泉标准不及自来水。任何瓶装水企业都必须以国家强制性标准《生活饮用水卫生标准》为底线，若不能执行则有违反国家食品安全法之嫌。

4 月 12 日当天，农夫山泉微博发布了关于质量与标准的声明，称指责农夫山泉标准不如自来水，浙江标准低于广东标准或者国家标准，是不严谨、不科学的。

4 月 13 日，《京华时报》再次撰文称农夫山泉的声明混淆视听，自认自来水标准为底线，回避了其所执行的浙江标准中，重金属指标未达到自来水标准的问题。

4 月 14 日，农夫山泉再发声明称《京华时报》无知。2011—2013 年，浙江省质量监督局对农夫山泉天然水监督抽查共 13 批次，全部合格。《京华时报》拿整套标准中的几个指标做判定属于强词夺理。

4月15日,《京华时报》发文称浙江部分指标是为农夫山泉特设。在农夫山泉发布声明自辩后,浙江省质量监督局紧接着称"地方标准并不宽松",中国民族卫生协会指出地方政府涉嫌袒护作假。

4月15日上午,农夫山泉通过微博警告《京华时报》"你跑不掉,也别想跑",称信口开河的时代过去了,"农夫山泉产品标准不如自来水"这个问题必须给公众讲清楚,并再次申明农夫山泉砷、镉、硒、硝酸盐和溴酸盐五项指标检测结果优于国标2~11倍。

4月16日,《京华时报》四度撰文称检测报告佐证农夫山泉不如自来水,称由上海某检测机构出具的检测报告显示其仍然采用浙江省地方标准,其中砷、镉、硒、溴酸盐的指标限值仍然不及自来水标准。

4月16日下午,农夫山泉也发布声明四度回应《京华时报》,称137项内控指标的检测报告原本是企业机密、核心技术,但为了洗刷冤情不得不公布于众,《京华时报》根本不给农夫山泉辩白的机会。

农夫山泉"标准门"事件连续27天,共占据67个版面,《京华时报》对农夫山泉报道堪称锲而不舍,在各界关注和讨论下,事件持续发酵升级。

2013年5月6日,备受"标准门"困扰的农夫山泉股份有限公司在北京召开发布会。农夫山泉董事长钟睒睒表示:"公司在执行地方标准DB33/383—2005的同时,也执行了国家的强制卫生(安全)标准。农夫山泉之所以选择在标签上标示地方标准,因为DB33/383—2005是目前(2013年5月)饮用天然水行业行政级别最高的质量标准。"

作为中国国内天然矿泉水的重要品牌,农夫山泉生产标准和产品质量的高低关乎着众多消费者的健康。"标准门"发酵的背后,反映出了公众对于饮用水安全的担忧,以及国家标准、地方标准完善和统一的迫切性。

"农夫山泉,有点儿甜",这句广告语多了一份苦涩,截至2013年4月底,农夫山泉"标准门"造成的损失超过6 000万元,农夫山泉的销售不可避免地受到了严重影响。同时,农夫山泉宣布放弃北京桶装水市场。

农夫山泉被指标准不如自来水,是出现较严重次生舆情的事件。由于多头树敌、缠斗曝光媒体《京华时报》,而《京华时报》又针对农夫山泉的历次回应再出新报道针锋相对,在长达数月的时间里发生了多轮次生舆情。初始,面对舆论和公众质疑,农夫山泉第一时间喊冤,称受竞争对手陷害,引发一轮指责其攻击同行而回避自身问题的舆情。后来,农夫山泉与《京华时报》双方博弈的多次回应和继续曝料,又引发多轮舆情。农夫山泉公布的饮用水标准,未能释疑,反而激起舆论对饮用水标准的讨论,使农夫山泉的舆情蔓延到整个行业,导致国家标准、地方标准和企业标准孰高孰低、孰对孰错争议不断,如图8-1所示。农夫山泉自己的舆情没有缓解,还连累同行企业面临市场危机。

农夫山泉的舆情折射出天然饮用水行业标准缺失、标准制定工作滞后等

问题，这也是农夫山泉回应质疑时无法获得公众理解的客观原因。这个舆情演变过程，包含了涉事的桶装水协会、竞争对手和《京华时报》等多个利益相关方的博弈，其复杂程度也无形中加大了农夫山泉危机应对的难度。而舆论讨论媒体是否应该滥用话语霸权的同时，对农夫山泉危机处置过程中表现出来的公关能力又提出质疑。

纵观事件全过程，农夫山泉因其舆情的持续上演，不仅被迫退出北京桶装水市场，也给公众留下刻板印象，降低了品牌美誉度。

听谁的？ 　　　　　　　　　　　　　　　　新华社发 朱慧卿 作

图 8-1　农夫山泉"标准门"

# 第一节　品牌危机的分类

品牌危机是指在企业发展过程中，由于企业自身的过失，内部管理工作出现疏漏或企业外部环境突变等原因引发的品牌被公众质疑、品牌形象严重受损、品牌资产缩水的现象。一旦出现品牌危机，必然导致公众对该品牌的不信任感增加，出现产品销售量下降、品牌美誉度遭受严重打击等现象。因此，及时采取危机处理措施，挽救企业品牌形象，成了企业品牌存活和复苏的关键。

早在 19 世纪初，西方的管理学者就开始研究"危机管理"这个概念，他们得出的危机管理的目的大相径庭。史蒂文·芬克在《危机管理——为不可预见的危机做计划》一文中对危机管理进行了系统的阐述。

品牌危机管理，即企业在发生危机时对企业的品牌进行管理，让品牌资产保值增值。直到 20 世纪末，著名的危机管理学家罗伯特·希斯用 4R 模式来解释危机管理的目的，即缩减（Reduction）、预备（Readiness）、反应

8.1　视频讲解

（Response）、恢复（Recovery），至此危机管理的目的才被世界广泛认同，危机管理理论才开始逐渐形成。

危机管理在我国起步较晚，20 世纪 90 年代才开始传入我国。随着中国经济的迅速发展，企业做大做强已经成为一种必然。企业规模越来越大，就意味着企业发生危机的风险越大。如何防范和应对危机是每个企业都要面临的问题与挑战。

我国著名危机公关专家游昌乔先生认为，危机管理是指应对危机的有关机制，但危机管理的目的不能局限于"克服"及"拯救"危机，而应该从危机中求"发展"，在危机中彰显企业社会责任。

## 一、品牌危机的特点

### （一）突发性

突发性是品牌危机的首要特征。事件的发生一般难以预料，媒体的传播更是难以预料，即在理论上存在发生的可能性，但具体何时爆发、爆发的形式、爆发的规模、爆发的强度等仍然难以预料，一切都在动态的变化过程中，非人力所能左右。

### （二）危害性

品牌危机具有极大的危害性，甚至具有颠覆性、毁灭性。品牌危机一旦发生，消费者对企业的信心就会动摇，产品销售就会受到影响。2000年 11 月国家药品监督管理局的一个通知，使中美史克的康泰克的销售额一夜之间从 6 亿元减到零！而三株药业与湖南一个老者的一场官司，使曾经年销售额高达 80 亿元、利税 18 亿元、拥有 15 万名员工的三株"帝国"轰然倒塌。

### （三）必然性

品牌危机的发生不是个别的偶然的事件。市场风云变幻莫测，突如其来的危机对于一个品牌来说防不胜防，品牌从诞生之日起就注定与危机相伴。企业不可能时时处处都能对品牌的各个方面监控到位，从企业形象、产品质量、技术、服务等方面突然爆发的危机都有可能对品牌造成严重的伤害。

### （四）扩散性

"好事不出门，坏事传千里"，一个负面消息的传播足以抵消千百万篇正面的报道和千百万次广告。危机常常成为社会舆论关注的"热点"和"焦点"，它更是新闻媒体报道的最佳"新闻素材"与报道线索，有时甚至会牵动整个社会各界公众的"神经"。媒体的性质决定了媒体的新闻敏锐性特点，如果某个事件有报道价值，能够引起消费者的强烈反响，媒体就会争相报道以便提高媒体知名度。另外，媒体还在一定程度上担负着"社会公德"维护者的角色，也有义务去报道伤害消费者利益和社会利益的事情。如果社会对同类性质的事件有积怨，就更加容易形成"墙倒众人推"的局面，成为一段时间内社会关注的焦点。

## 二、品牌危机的分类

企业经营的外部环境包括政治、经济、文化等多方面因素，具有不可控性。随着社会经济的不断发展，外部环境的动态性增强，它们的变化会给品牌带来许多意想不到的影响。企业在经营过程中的任何失误也都有可能使企业受到危机事件的考验，但每一次危机情景既包含着导致失败的根源，也孕育着成功的种子。

一个企业难免在长期的生产经营活动中遭遇各种类型的危机。对于企业来说，危机是无所不在的。对于不同类别的危机，企业应该实施的治理方法也是有所不同的。只有在充分了解危机的类别的前提下，才能把危机转化为机会。

### （一）根据企业危机产生的原因不同划分

#### 1. 直线式危机

直线式危机是指某种危机事件的出现是可以找到直接原因的。例如，某个广告诉求和宣传不合适，某些商业决策行为不恰当，某些产品服务不合格或因为前一个危机事件而引发连锁反应，等等。

8.2 视频讲解

此类危机的特征是：能够找到危机出现的显著根源。通常，这种根源来自 1~2 个原因，根源与危机的出现有必然的因果关系。对于此类危机，只要剔除或解决根源问题，危机就会自然消除。此外，此类危机的波及面较小，产生根源不具有普遍性，故不容易引起公众群体的重视和共鸣。同时，危机的改善有针对性，且改善难度较低。

#### 2. 传媒式危机

传媒式危机是由于大众传播媒介对于某些事件的报道而导致企业出现危机情景。例如，关于一些产品中含有有毒、有害成分的报道，关于某些公司的负面新闻（财务巨亏、高管被捕、虚假广告等）的报道，或者在大型卫生检查中发现高比例不达标产品的新闻报道等。

8.3 视频讲解

传媒式危机具有突发性和难以预料性的特征。由于传媒是根据自己的调查进行相关报道的，所以在信息公布以前，被涉及的企业毫不知情。导致危机出现也有直接的原因，但是此原因是企业在事发前无法控制和改善的，该直接原因在事发后的可改变性不确定。有的危机成因是事发后可以改变的，但有的危机成因在事发后也无法改变其存在。由于传媒式危机的波及面较大，波及速度快，产生的根源具有普遍性，所以较易引起公众群体的重视和恐慌，同时，危机的改善难度高、速度慢，对知名品牌的破坏性更强。

#### 3. 矩阵式危机

矩阵式危机是指某种危机事件的产生由多方面共同因素所致。这种危机较难寻找到准确根源。矩阵式危机是企业所面对的最为复杂的一种危机。例如，环境中的某些突发因素（包括媒体）和企业治理策略同时出现问题。

8.4 视频讲解

矩阵式危机的特征表现为：危机的根源来自企业内外部两方面的原因，因此很难界定主要原因和次要原因分别是什么，其中某一个或几个原因与危机的出现有没有必然因果关系，危机成因很难枚举；危机的波及面巨大，产生根源具有普遍性，故必然引起公众群体的重视和反应；危机的持续时间长，危机的改善缺乏针对性，改善难度很高，甚至容易导致破产、倒闭等严重后果。

**（二）根据危机的波及范围划分**

**1. 系统危机**

系统危机是指由于市场、环境、制度、法律等整体系统发生变化，使竞争对手综合能力加强或企业自身的综合能力下降而导致的危机。

系统危机主要有如下特征：系统危机波及面广，受影响者多；由于是整个系统的变化所致，所以处于系统内部的各微观单位均会被牵涉在内；系统危机的可控性弱，具有不可预见性。

**2. 非系统危机**

非系统危机是指由于企业本身的条件发生恶化，使竞争对手综合能力加强或企业自身的综合能力下降而导致的危机。

非系统危机特征有：非系统危机只波及危机出现企业；非系统危机对危机出现企业的竞争对手及其品牌有促进作用；非系统危机具有可避免性，企业可以通过改善经营治理水平和实施危机治理的事前控制来避免非系统危机的出现。

对于品牌危机而言，按照不同的标准有不同的分类。品牌危机的出现很有可能是多类危机的组合体。在实施危机治理过程中，对危机进行分类后实行治理，方能显现成效。

# 第二节　品牌危机的防范和应对

对品牌危机的防范和应对与企业能否长久地经营下去息息相关，各大品牌应该给予危机管理足够的重视，应该尽早树立危机意识，建立预警机制，提高自身的品牌危机处理水平。

## 一、品牌危机的防范

伊索寓言里有这样一则故事：森林里有一只野猪不停地对着树干磨它的獠牙，一只狐狸见了不解地问："现在没有看到猎人，你为什么不躺下来休息享乐呢？"野猪回答说："等到猎人出现时再来磨牙就来不及啦！"野猪抗拒被捕猎的利器，不是它那锋利的獠牙，而是它那超前的"危机意识"。同

8.5　视频讲解

理，在激烈的市场竞争中，一个企业如果在经营红火时缺乏忧患意识，在顺境时没有身陷逆境的准备，那就意味着困难和危机即将出现。

品牌危机管理和防范是品牌危机管理的首要任务。所谓"防患于未然"，危机管理的功夫，首先在于预防。若无有效、快速的危机防范和预警系统，一旦危机发生，企业就只能仓促上阵，被动应付。

品牌危机管理的预防应该着眼于未雨绸缪、策划应变，应建立危机预警系统，及时捕捉企业危机征兆，为各种危机提供切实有力的应对措施。

品牌危机管理的预警系统包括以下四个方面：

第一，建立一个由具有较高专业素质和较高领导职位的人士所组成的品牌危机管理小组，制订和审核品牌危机处理方案，清理品牌危机险情；

第二，建立高度灵敏、准确的信息监测系统，及时收集相关信息并加以分析、研究和处理，查漏补缺，全面清晰地预测各种品牌危机情况，及早发现和捕捉品牌危机征兆，为处理潜在的品牌危机制订对策方案；

第三，建立品牌自我诊断制度，从不同层面、不同角度进行检查、剖析和评价，找出薄弱环节，及时采取必要措施予以纠正，从根本上减少乃至消除发生品牌危机的诱因；

第四，开展员工品牌危机管理教育和培训，增强全体员工品牌危机管理的意识和技能，一旦品牌危机发生，员工就应该具备较强的心理承受能力和应变能力。

## 二、品牌危机的处理策略

有了危机预防并不意味着永远不会发生危机。无论采取怎样完善的防范措施，都无法绝对避免危机的发生。因此，除应设置危机管理预警系统外，企业还应该制订相应的危机处理策略。

### （一）危机处理的原则

1. 主动性原则

重大危机事件一旦发生，就会成为公众舆论关注的焦点。面对危机，企业要积极面对，首先要阻断、控制其蔓延、扩散的速度、范围，有效地控制局势，为重塑品牌形象、度过危机奠定基础。

2. 迅速性原则

企业对品牌危机的反应必须迅速及时，无论是对受害者、消费者、社会公众，还是对新闻媒体，都应尽可能成为首先到位者，以便迅速消除公众对品牌的疑虑。危机发生的第一个 24 小时至关重要，如果危机处理失去最佳时机，那么即使事后再努力，也往往于事无补。

3. 诚意性原则

品牌危机发生后，企业应该及时向消费者、受害者表示歉意，必要时还要通过新闻媒体向社会公众发表致歉公告，并主动承担应负的责任，以便显示企业对消费者、受害者的诚意，从而赢得消费者、受害者及社会公众和舆论的广泛理解。

### 4. 真实性原则

危机爆发后，企业必须主动向公众讲明事实真相，不能遮遮掩掩，否则会增加公众的好奇、猜测乃至反感，因此会延长危机影响的时间、增强危机的伤害力，不利于控制危机局面。只有真实传播，才能争取主动，把品牌形象的损害降低到最小限度。

### 5. 统一性原则

品牌危机处理必须冷静、有序、果断，指挥协调统一，宣传解释统一，行动步骤统一，不能失控、失真、失序。因为危机一般来得突然，品牌危机处理时不可能事先有周密安排，所以需要当机立断、灵活处理，才能化险为夷，扭转公众对企业及品牌的误解、怀疑和反感。

### 6. 全员性原则

企业全体员工都是企业品牌信誉的创建者、保护者和巩固者，当危机来临时，他们不是旁观者，而是参与者。因此，企业应该提高危机透明度，让员工了解品牌危机处理过程并参与品牌危机处理，这样不仅可以发挥其整体宣传作用、减轻企业震荡，而且还可以通过全员参与重新树立公众对企业及品牌的信心。

### 7. 创新原则

品牌危机具有突发性，没有完全相同的处理手段和办法。因此，品牌危机处理既需要充分借鉴成功的处理经验，也要根据品牌危机的实际情况，借助新技术、新信息和新思维，进行大胆创新。

### （二）危机公关的策略要点

品牌危机一旦发生，我们就要遵循品牌危机管理原则，在企业、受害者和社会公众三方面利益协调一致的前提下，为企业制造舆论、恢复声誉形象。危机发生之后，最迫切的任务就是表明企业的立场，通过传播媒介来阐明企业对于危机事件的基本态度与原则，表达企业对于危机事件的迫切关注。有效的危机公关传播，应该遵循"以人为本"的基本的企业原则，坦诚地承认自己的错误、虚心接受公众的批评，并有积极的挽救或改进措施，做到企业、受害者和社会公众的沟通理解，化解彼此之间的误解或敌意，再建立起企业与公众之间的信任关系。危机公关在操作上的要点如下。

### 1. 企业高层领导者的责任

危机公关传播的主角应该按照危机的影响程度和范围来确定。一般是选择与危机影响相适应的管理层出面比较合理，往往越是高层人物出面对于危机的缓解越明显。

企业应该在日常预防工作中明确各种层次的危机应对方案，设立应付危机的常设机构——危机管理小组——是非常有必要的，它可以由以下人员组成：企业领导人、公关专业工作人员、生产与品质保证人员、销售人员、

8.6　视频讲解

人事内勤人员、消费者热线接待人员等。危机管理小组应该保持其独立，且具有足够权威的发言权，同时应该保证有畅通的联系渠道，使公关信息在企业内部传达顺利。尤其是要指定一位熟悉企业实际情况并对公共关系工作运用老练的管理层人士作为企业危机公关的新闻发言人。危机来临时刻，企业内部很容易陷入混乱的信息交杂状态，不利于形成有效的危机传播，因此形成一个统一的对外传播声音是形势要求的必然结果。只有经过新闻发言人所发出的声音才是企业的最终决定，才是向新闻媒体公开的内容，其他人决不能随意代表企业发表意见，只能维护、服从新闻发言人的权威。

危机管理小组日常应该考虑的问题是：组织的危机应变能力如何；最有可能产生的危机内容有哪些，是否有相应的准备；如果所预测的危机一旦爆发，那么具体的应对措施与程序如何等。

对于企业来讲，管理高层人物的出面，使品牌危机管理公关传播的效应更加卓越，对危机处理进程起着关键的推动作用，这是企业组建危机管理机构时应该考虑的。

### 2. 第三方权威机构的作用

8.7 视频讲解

危机发生后，最关注企业应对举措的不外乎是这么几种人：受害者、新闻媒体、竞争对手、社会公众。其中，受害者是危机的直接受伤害者，对于企业给予一个明确说法的期望值最高，因为企业的态度将直接关系他们的利益保障。他们会积极地关注企业公关的每一个举措，并会对外发表自己的评价。

信息社会里的一个必然现象就是新闻媒体在社会中的地位和作用日趋重要，他们对于企业的评判往往会左右社会舆论，进而影响企业的声誉和品牌形象。通常情况下，新闻媒体会密切关注危机进程，也有对应措施提示给企业，同时往往会倾向于保护弱者，无形地加大了企业危机管理的难度。但他们对于企业危机的敏锐反应和过度关注，可能导致报道的失真或非理性化，因此能否争取到新闻媒体的真实客观报道是危机公关要解决的难题。

8.8 案例

处理与新闻媒体的关系绝不是一件一蹴而就的事，加强日常的情感联络是非常必要的，这样也有利于企业及早发现投诉事件的苗头，杜绝不利信息在新闻媒体中的传播。对于竞争对手来讲，对手出现品牌危机给其一个难得的市场进攻的机会，竞争对手可能会借机提高自己的影响而诋毁对手。

危机爆发后，若当事者立即站出来辩解，就往往会给人以"掩耳盗铃"的感觉，而专业和权威部门出具证明与报告为其"洗冤"——因为其站在第三方的立场上，往往能令人信服。事实上，挽救危机的一个关键是争取权威机构的鉴定支持，他们的结论往往是公正评判的最终依据。

### 3. 危险公关的时机

8.9 视频讲解

危机公关的传播原则应该是迅速而准确的，这就有了两种时间选择：危机发生的第一时间和危机真相大白的时候。

危机发生后，企业要很快地做出自己的判断，给危机事件定性，确定企业公关的原则、立场、方案与程序；及时对危机事件的受害者予以安抚，避免事态的恶化；同时，在最短时间内把企业已经掌握的危机概况和企业危机管理举措向新闻媒体做简短说明，阐明企业立场与态度，争取媒体的信任与支持。企业要避免一个误区，即在真相出来之前，尽量避免接见媒体。如果企业在真相出来之前不接触媒体，媒体就会做出各种推测，国内不少危机风波的升级正是因为企业没有及时控制不利信息传播的结果。企业不要试图隐瞒危机，隐瞒危机只会使事情越来越糟糕，要及时与媒体接触，争取媒体的客观真实报道。重视危机管理的企业往往会及时设置危机信息传播热线，保证企业内部信息的畅通，回答消费者的质疑，为新闻媒体提供素材，以发挥信息枢纽作用。

总之，企业危机公关会伴随着种种猜疑而艰难地进行着，企业要注意及时地把最新情况与进展通报给媒体，也可以设立专门的信息沟通渠道，以方便新闻媒体和社会公众的探询，为真相大白做铺垫。

### 4. 传播渠道的选择

危机信息的传播主要有以下几种渠道：广播电视、报纸杂志、互联网、人际传播，即大众传播媒介和口碑传播。也许企业无法直接控制口碑传播，但是企业可以通过公关活动影响大众传播媒介。伴随着互联网的发展，涌现了很多自媒体，网络新闻的影响逐步从虚拟走向现实，而且有着无法预测和难以控制的特点，企业要注意监测和利用这条渠道。

8.10　视频讲解

值得注意的是，一方面是受害者的投诉反映，另一方面是新闻媒体的宣传，这会导致危机的逐步升级。危机公关传播应该注意及时、有针对性地占领这些传播渠道，使危机信息传播的负面影响降到最低。

做好与新闻媒体的联系使其及时准确报道，可以影响公众、引导舆论，使不正确的、消极的公众反应和社会舆论转化为正确的、积极的公众反应和社会舆论，并使观望怀疑者消除疑虑，成为企业的忠实支持者。如果条件成熟，可以邀请消费者代表赴企业参观，尤其是那些企业的忠实老顾客，让企业自身实力说话，并通过他们之口影响企业无法控制的人际传播范围。

### 5. 企业的担当

危机发生后，公众都在等待企业的表态。例如，企业是否低姿态地承认错误，是否愿意承担责任，是否愿意改进等。这些应该成为企业危机公关传播的核心内容。实际上，危机公关正是通过这些积极的努力来赢得消费者的谅解与信任的。危机公关是基于企业经营理念的公关。要进行有效的危机公关传播，花言巧语是没有用的，此时需要的是企业真诚的行动。行动是最关键的，因此不妨把企业的危机公关进程向公众一一说明，并在实施过程中切实地体现出来。把事情的真实本源与企业最真诚的一面如实反映出来是公关活动的本质。

8.11　视频讲解

企业要针对企业形象受损的内容和程度，重点开展弥补形象缺陷的公关关系活动，告诉公众企业新的工作进展和经营状态，以过硬的产品质量和一流的服务重新征服公众。只有当良好的企业形象重新建立时，危机公关才能谈得上功德圆满。企业的本质应该是"以人为本"的，任何时候，企业一定不要忘记：真诚应该贯穿危机公关的全过程。

### 三、危机后管理及品牌形象恢复

危机是企业的一次特殊事件，通过危机可以让企业看到很多平时看不到的缺陷，还可以锻炼企业的抗风险能力。每一次危机过后，企业可以从中有所收获，如果不及时进行总结，就会丧失用代价换来的宝贵经验。同时，危机过后还有一些尚待改进的问题，如果不及时解决，就会丧失宝贵的完善时机。

危机基本结束后，企业应该进行反省，总结经验教训。一般根据先后顺序，可以分为以下三个步骤进行。

第一，调查分析，找出危机产生的直接原因和根本原因。每个危机事件的背后总有原因，在短时间内可以发现一些较直接的原因，但是一些隐蔽的、本质的原因不一定能及时发现。处理危机时，企业都会找到一些可以解释的原因，但事后如果再问一下这些原因为什么会存在，可能还会找到更深层次的问题。所以在处理完危机后，企业要找出危机的源头。虽然原因有内部和外部之分，但是企业不可因此推卸责任，即使是外部不可控的原因，企业也可能存在察觉、应对方面的失误。

第二，全面评价危机管理工作，找出问题，总结经验。在整个危机事件中，企业在预防危机、处理危机方面都有值得评价的地方，可以进行总结，用以改进危机管理。由于危机管理很特殊，平时的工作难以检验，只有当危机发生时才能真正了解危机管理水平，因此每次危机过后，都是一次评价危机管理的好机会。危机发生的形式多样，每经历一种危机就可以积累该方面的危机管理经验，以避免类似危机重演。

第三，整改，改进直接与危机相关的部门的管理，全面提高企业应对危机的能力，完善企业的危机管理体系。通过调查、评价、分析，企业能够找出很多问题，这些问题可以分成两类：一类问题与直接产生危机的环节相关，可能是用人失误、财务混乱、质量监管不严等问题，事后企业要大力改进相关的部门；另一类问题与危机管理相关，企业可以借此机会发现危机管理中的问题，及时改进。

无论危机产生的原因是什么，也无论处理结果如何，都必然会影响企业形象。危机的事态得到控制后，企业应该立即着手对品牌形象的恢复工作，对出现的问题总结经验与教训，以防危机再一次发生。危机的确会冲击品牌的良好形象，但是企业应该把危机转化为一个契机，利用其给品牌加分，采取新闻公关、媒体宣传等加强对品牌形象的重塑。如果危机处理得当、企业态度诚恳，那么不仅可以避免可能的损失，还可以在消费者心目中树立企业敢于负责的形象，从而增强消费者的信心。

一个优秀的企业越是在危机时刻，越是能体现综合实力和整体素质，能够很好地解决危机反而让公众增加好感。而且越是优秀的企业，越是利用疏漏做文章，本来是因为某种缺陷让公众怀疑、排斥，企业却能加大该方面的整改力度，反而让公众相信企业这方面的能力值得信赖。在危机发生的过程中，还可能会意外地发现一些机遇，成为企业的发展之机。"经一事，长一智"，危机带来的不仅是挫折，还能让企业从中受益。

 ## 本章回顾

品牌不是永恒的，市场竞争是残酷的。在变幻莫测的市场上，一些默默无闻的品牌会一夜之间突然成为名牌。而与之相反，一些知名度颇高的品牌却可能悄然不知去向。企业在发展过程中，由于企业自身的过失，内部管理工作出现疏漏或企业外部环境突变等原因会引发品牌危机。本章首先介绍了品牌危机的特点和分类，然后阐述了品牌危机防范和应对的策略，最后指出危机后品牌形象恢复工作的步骤和要点。

8.12　测试

 ## 问题思考与讨论

1. 英国危机管理专家迈克尔·里杰斯特说："预防是解决危机的最好方法。"你对这句话是如何理解的？

2. 今年发生了哪些重大品牌危机事件？你对哪些品牌危机印象深刻？你认为这些企业的危机处理是否得当？

 ## 本章实践任务：应对品牌危机

在前面章节的实践任务中，各组为自己的品牌起了名字、设计了品牌标志、申请了商标注册、设计了 VI、为品牌进行了定位，并制订了品牌的传播方案和扩张规划。但品牌的发展不是一帆风顺的，某一天，当地某民生节目报道了一则新闻，新闻中消费者对你的产品或服务进行了投诉，网络上也出现了相关的质疑产品品质的负面新闻。面对这种情况，你的公司要如何应对呢？

提示和要求：此次危机属于传媒式危机，传媒式危机传播速度快，容易引起公众的关注，对品牌形象会造成严重的影响，应结合传媒式危机的特点制订相应的解决方案。通过小组讨论合作完成实践任务，制作 PPT 并展示最终成果（见表 8-1）。

表 8-1 品牌危机解决方案

| 品牌名称（中文/英文） | |
|---|---|
| 危机管理小组成员 | |
| 危机产生的原因 | |
| 危机处理原则 | |
| 涉及的相关群体或组织 | ☐ 受害者<br>☐ 新闻媒体<br>☐ 社会公众<br>☐ 竞争对手<br>☐ 其他 |
| 方案的具体内容<br>（分步骤推进，每一步的举措和目标） | |
| 其他 | |

## 案例分析

### "海底捞勾兑门"事件的危机公关

2011 年 8 月 22 日，《信报》以一篇《记者卧底"海底捞"·揭秘》的报道，直指海底捞骨汤勾兑、产品不称重、偷吃等问题，引起社会轩然大波。

2011 年 8 月 22 日 15:02，海底捞官网及官方微博发出《关于媒体报道事件的说明》，声明语气诚恳，承认勾兑事实及其他存在的问题，感谢媒体监督，并对勾兑问题进行客观澄清。此微博被转发 1 809 次、评论 690 次，用户基本接受海底捞的态度。

2011 年 8 月 22 日 16:18，海底捞官网及官方微博发出《海底捞关于食品添加剂公示备案情况的通报》，态度更加诚恳，"多年厚爱，诚惶诚恐"之类的词语都用上了。

2011 年 8 月 23 日 12:00，海底捞官网及官方微博发出《海底捞就顾客和媒体等各界关心问题的说明》，就勾兑问题及员工采访问题进行重点解释。

2011 年 8 月 23 日 20:00，海底捞掌门人张勇的一篇微博尤为经典："菜品不称重、偷吃等根源在流程落实不到位，我还要难过地告诉大家我从未真正杜绝这些现象。责任在管理，不在青岛店，我不会因此次危机发生后追查责任，我已派心理辅导师到青岛，以防该店员工压力太大。对饮料和白味汤底的合法性我给予充分保证，虽然不敢承诺每一个单元的农产品都先检验再上桌，但责任一定该我承担。"此篇微博瞬间转发近 4 000 次、评论1 500 次。张勇的敢于担当人情味儿十足。他的人格魅力化解了此次事件 80%的危机。

随后，海底捞邀请媒体记者，全程记录骨汤勾兑过程，视频、照片瞬间布满网络，事件就此画上句号。

**讨论**

（1）海底捞成功地化解了此次品牌危机，你认为最主要的原因是什么？

（2）你认为企业应该如何处理和媒体的关系？

# 参 考 文 献

[1] 孙曰瑶，曹越，刘华军. BCSOK：品牌建设体系[M]. 北京：经济科学出版社，2009.

[2] 陈云岗. 品牌管理[M]. 北京：中国人民大学出版社，2004.

[3] 万后芬，周建设. 品牌管理[M]. 北京：清华大学出版社，2006.

[4] 余明阳，韩红星. 品牌学概论[M]. 广州：华南理工大学出版社，2008.

[5] 周云. 品牌学：原理与实务[M]. 北京：清华大学出版社；北京交通大学出版社，2008.

[6] [美]凯文·莱恩·凯勒. 战略品牌管理[M]. 卢泰宏，吴水龙，译. 北京：中国人民大学出版社，2009.

[7] 黄静. 品牌营销. 第二版. [M]. 北京：北京大学出版社，2014.

[8] [英] 西尔维·拉福雷. 现代品牌管理[M]. 周志民，译. 北京：中国人民大学出版社，2012.

[9] 余伟萍. 品牌管理[M]. 北京：清华大学出版社；北京交通大学出版社，2007.

[10] 陈放. 品牌学[M]. 北京：时事出版社，2002.

[11] [英]保罗·斯图伯特. 品牌的力量[M]. 尹英，万新平，宋振，译. 北京：中信出版社，2000.

[12] 刘风军. 品牌运营论[M]. 北京：经济科学出版社，2000.

[13] [美]杜纳·E. 科耐普. 品牌智慧[M]. 赵中秋，罗臣，译. 北京：企业管理出版社，2001.

[14] 刘军. 定位定天下[M]. 北京：东方出版社，2009.

[15] 孙曰瑶，刘华军. 品牌经济学原理[M]. 北京：经济科学出版社，2007.

[16] 陈祝平. 品牌管理[M]. 北京：中国发展出版社，2005.

[17] 韩光军. 品牌设计与发展手册[M]. 北京：经济管理出版社，2002.

[18] 张智翔，向洪，师帅. 品牌之殇：中国品牌战略的误区与批评[M]. 北京：中国时代经济出版社，2005.

[19] 钱三毛. 探究"咸享现象"[N]. 中国旅游报，2012-08-09（07）.

[20] 张述任. 名利双收——品牌成功学[M]. 北京：气象出版社，2002.

[21] 杨光. 赵一鹤. 品牌核变——快速创建强势品牌[M]. 北京：机械工业出版社，2003.

[22] [荷]里克·莱兹伯兹等. 品牌管理[M]. 李家强，译. 北京：机械工业出版社，2004.

[23] [美]约翰·菲力普·琼斯. 广告与品牌策划[M]. 北京：机械工业出版社，1999.

[24] 何佳讯. 品牌形象策划[M]. 上海：复旦大学出版社，2000.

[25] 王成荣. 中国名牌论[M]. 北京：人民大学出版社，1999.

[26] 黄升民. 重提媒介产业[J]. 现代传播，2000（5）：1-5.

[27] [美]菲力普·科特勒. 市场营销学导论[M]. 北京：华夏出版社，2001.

[28] [美]乔治·E. 贝尔齐. 广告与促销：整合营销传播展望[M]. 大连：东北财经大学出版社，2000.

[29] 郑佳. 企业品牌发展系统研究[M]. 北京：科学出版社，2008.

[30] [美]罗杰·菲德勒. 媒介形态变化[M]. 北京：华夏出版社，2000.

[31] [美]斯各特·卡特李普，等. 公共关系教程[M]. 北京：华夏出版社，2001.

[32] 王晓萍，等. 市场营销学[M]. 北京：科学出版社，2008.

[33] 仁科贞文，田中洋，丸冈吉人. 广告心理[M]. 北京：外语教学与研究出版社，2008.

[34] 鲁桐. 中国企业海外经营对英国中资企业的实证研究[J]. 世界经济，2002（04）：3-15.

[35] 邱文华. 中国企业经营国际化策略探析[J]. 河北学刊，2006：（06）：163-165.

[36] [美]约翰逊. 谁动了我的奶酪[M]. 魏平，译. 北京：中信出版社，2010.

[37] 杨海军，袁建. 品牌学案例教程[M]. 上海：复旦大学出版社，2009.

[38] 韩中和. 品牌国际化战略[M]. 上海：复旦大学出版社，2003.

[39] 陆娟. 现代企业品牌发展战略[M]. 南京：南京大学出版社，2002.

[40] 邹立清. 基于消费者偏好的顾客价值研究[J]. 浙江传媒学院学报，2005（2）：73-75.

[41] Keller K. L. and Donald R. L. . The Brand Value Chain Linking Strategic and Financial Performance[R]. Working Paper. Tuck School of Business Dartmouth College，2002.

[42] [美] 艾·里斯，杰克·特劳特. 定位[M]. 北京：中国财政经济出版社，2002.

[43] [美] 林恩·阿普绍. 塑造品牌特征——市场竞争中通向成功的策略[M]. 戴贤远，译. 北京：清华大学出版社，1999.

[44] 薛可. 品牌扩张：延伸与创新[M]. 北京：北京大学出版社，2004.

[45] 张维迎. 品牌价值与中国企业的国际化战略[J]. 中外管理导报，2002（6）：11-13.

[46] 朱睎颜，李汉铃. 论中国企业跨国经营的跨越式发展模式[J]. 国际贸易问题，2002（9）：40-44.

[47] 田方军. 品牌危机管理[J]. 上海商业，2005（5）：44-46.

[48] 罗江. 品牌的危机管理[J]. 企业改革与管理，2003（7）：6-7.

[49] 李光斗. 品牌竞争力[M]. 北京：中国人民大学出版社，2004.

[50] [美]大卫·奥格威. 一个广告人的自白[M]. 北京：中国物价出版社，2003.

[51] David A. Aaker. Brand Leadership[M]. New York：Free Press，2000.

[52] 金惠红. 品牌延伸和一品多牌策略[J]. 华东经济管理，2000（14）：30-31.

[53] [法]让·诺尔·卡非勒. 战略性品牌管理[M]. 王建平，曾华，译. 北京：商务印书馆，2000.

[54] 张世贤. 品牌价值与品牌价值提高[J]. 中国质量万里行，2000（7）：12-14.

[55] 冯丽云，杨晶. 强化品牌与消费者的关系，提升品牌价值[J]. 成人高教学刊，2003（4）：38-41.

[56] 吴幼萍，段仁元. 企业品牌保护问题研究[J]. 经济问题，2002（12）：49-51.

[57] 张振兴，边雅静. 从星巴克看企业品牌建设[J]. 企业管理，2010（12）：81-82.

[58] 康瞧. 世界属于那些不怕弄脏手的少数人——与星巴克董事会主席霍华德·舒尔茨的"对话"[J]. 人力资源，2012（1）：10-14.

[59] 霍华德·舒尔茨. 一路向前[M]. 北京：中信出版社，2008.

[60] 崔郦，胡雨田. 论食品企业的品牌危机管理[J]. 经济研究导刊，2012(1)：206-207.

[61] 张丽娟. 浅议现代企业品牌危机的化解[J]. 现代营销，2011（9）：12.

[62] 詹艳. 星巴克的品牌建设[J]. 理论导报，2012（1）：57-58.

[63] 张忠朝. 企业形象对顾客忠诚度的影响分析——以星巴克中国为例[J]. 内江师范学院学报，2012（2）：57-60.

[64] 张振兴，边雅静. 从星巴克看企业品牌建设[J]. 企业管理，2010（12）：81-82.

[65] 雅斯培·昆德. 公司精神：公司成长的核动力[M]. 北京：新华出版社，2009.

[66] 巴里·伯曼，乔尔·R. 埃文斯. 零售管理[M]. 北京：中国人民大学出版社，2010.

[67] 彭永胜. 消费环境与品牌扩张效应[J]. 企业技术开发，2010（9）：82-86.

[68] 王敏. 品牌管理的新思路：品牌生命周期战略[J]. 十堰职业技术学院学报，2006（8）：34-36.